U0053151

哲學輕鬆讀

這是個什麼樣的世界？

王文方　著

三民書局

國家圖書館出版品預行編目資料

這是個什麼樣的世界?／王文方著.－－初版一刷.
－－臺北市：三民，2005
面；　公分.－－(哲學輕鬆讀)

ISBN 957-14-4224-0　(平裝)

1.哲學－文集

107　　　　　　　　　　　　　　　94006489

網路書店位址　http：//www.sanmin.com.tw

© 這是個什麼樣的世界?

著作人　王文方
發行人　劉振強
著作財
產權人　三民書局股份有限公司
　　　　臺北市復興北路386號
發行所　三民書局股份有限公司
　　　　地址／臺北市復興北路386號
　　　　電話／(02)25006600
　　　　郵撥／0009998-5
印刷所　三民書局股份有限公司
門市部　復北店／臺北市復興北路386號
　　　　重南店／臺北市重慶南路一段61號
初版一刷　2005年9月
編　號　S 141090
基本定價　肆元肆角
行政院新聞局登記證局版臺業字第○二○○號

哲學人的哲學事——序言

Q 遇見哲學的那天：

　　我第一次接觸哲學，是十三歲在鄉下讀國一的時候。那個時候，學校來了個新老師，是師大畢業的香港人。有鑑於他客居他鄉生活不易，學校於是慷慨地提供他一間空教室，作為臨時的「宿舍」使用。新老師是個愛讀書的人，房裡除了一張床之外，剩下的就是滿山滿谷的書。當時鄉下地方沒有圖書館，因此，「宿舍」也就成了一些學生常去留連的地方。我第一次從「圖書館」借書，就是從他那兒借的。

　　那是商務印書館翻譯的一本小書，書名及譯者都已經不記得了，只記得是德國哲學家黑格爾所寫的。我現在必需坦白承認一件事：從翻開第一頁起，我就完全不知道那本書在說些什麼！這種經驗著實嚇了我一跳，壓根沒想過世界上還有這樣一種「寫來叫人看不懂」的書。不服輸的個性讓我做了一個愚蠢的決定：把書抄一遍，看會不會多懂些。結果還是一樣：一點也不懂！

這件事過後，我對哲學的興趣不減反增，平時積攢的零用錢也開始用來買些適合自己程度的哲學書。到了十五歲負笈南下讀軍校的時候，我的行李箱裡已經有大半箱的哲學書了。從十五歲到「而立」之年這段漫長而枯燥的軍旅生涯中，哲學書籍便一直是我最鍾情的伴侶；之間，我也曾私下投身於梁兆康老師及趙玲玲老師門下，修習中國哲學。不過，我始終覺得：沒有正式在「科班」中學習哲學，總好像少了些什麼。這個遺憾，直到一九九一年三十歲時才畫下句點。

那一年八月，在趙玲玲老師的鼓勵和協助下，我獲得國防部獎學金資助，遠赴美國愛荷華大學哲學系博士班就讀。在冰天雪地的異國裡攻讀學位，對許多人來說或許是件苦差事，對我而言卻是如魚得水，樂不可支。五年後，我順利取得學位，滿心歡喜地返國，打算一展所學，但卻被迫痛苦地待在軍中學非所用了四年。四年役畢，在一陣思考後，我決定放棄還差八個月就唾手可得的退伍優渥月俸，接受當時中正大學哲學系系主任洪裕宏教授的禮聘，到嘉義作一位專職的哲學家。這個選擇，是我人生到目前為止最重要的一個抉擇；從此以後，我專心致力於哲學思考，優游其中，再也不覺得有何憾事。

Q 哲學對作者的意義：

　　哲學究竟有什麼吸引人的地方，值得我堅持幾十載的歲月，並犧牲月入數萬的退伍月俸，去全心投入？多年來，別人不斷問我這個問題，而我也偶爾會在遭遇挫折時這樣問自己。專心作一位哲學家這件事，無疑是我少年時的一個夢想，也代表我多年來奮鬥的一個果實；但如果這個夢想不美好，如果這個果實不甘甜，這樣的堅持最多不過反映出我的愚癡而已。讓我簡單這樣說吧：哲學的果實對我而言，代表的是「精緻的分析、嚴謹的推理、深刻的反省、嚴格的批判、成熟的智慧，以及固執地對真理的追求」。我知道，這樣的說法有陳義過高的嫌疑，並且對沒有經歷過哲學思考的人來說，也只是隔鞋搔癢的空話罷了。因此，我誠摯地邀請讀者們在讀完本書之後，再回頭來讀一遍我在這裡所做的證詞。

Q 本書特別之處：

　　為什麼要寫這樣的一本書？首先，我希望藉此去除一些人對哲學的反感或恐懼感，認為哲學是一種「不知所云」、「天馬行空」、「把懂的說成不懂」的東西。為此之故，我在文字上力求淺白，說理上力求精確清晰；我

希望這本書不會是另一本「寫來叫人看不懂」的書。其次，我希望破除一個刻板印象，認為形上學是抽象空洞的研究。我希望這本書裡所討論的主題——因果、等同、虛構人物、鬼神、可能性、矛盾、自由意志等等——會吸引你，因為這些都是你平時會想到、但卻沒機會仔細深思的問題。最後，我希望能讓讀者藉著這本小書而熟悉當今英美分析哲學中形上學的一些重要議題、主要看法以及討論方式。我希望讀者讀完本書後，會有這樣的一種感覺：形上學的討論無非是想對我們的常識作出最佳的合理解釋罷了；這樣的討論或許精緻複雜，但絕非玄奧難懂。

Ｑ 還有一些話要說：

這本書的完成要感謝許多人。首先，我要感謝趙玲玲老師多年來的鼓勵和教誨，以及洪裕宏教授過去的提攜與啟發。其次，我要感謝選修九十三年春季中正大學哲學系「形上學」課程的同學，以及當時的助教蘇玉馨，感謝他們在課堂中所提出的問題以及他們對本書手稿所做的一切評論。再者，我要感謝我的同事彭孟堯教授，多年來我們在哲學上的討論從來沒有間斷過。最後，我要感謝我的家人，謝謝他們容忍我在寫書期間對家人的

忽略。尤其我要感謝小兒子子瑜及女兒姿婷：本書有些插圖是子瑜用 Flash 一筆一筆在電腦上畫出來的，而本書的初步校對則是由姿婷一個人獨立完成。當然，如果這本書還有任何的缺失，那些都是作者本人的責任。

（給挑剔的讀者：本書並沒有嚴格遵守哲學家對「使用」(use) 與「提指」(mention) 所作的約定區別。單引號和雙引號在書中是歧義的，有時用來提指一段話、一句話或一個詞本身，有時則只是用來加強語氣而已。挑剔的讀者，應該可以從脈絡中輕易地區分出引號的實際用法為何。我在本書中還使用了幾個特殊的約定。當述詞底下加上 "︵︶" 時，這時這個複合詞代表的是與這個述詞相對應的概念。而當述詞用**粗體**呈現時，這個複合詞代表的則是與這個述詞相對應的性質。比方來說，「人」是一個語言中的述詞、人是一個心智上的概念，而人則是一個客觀的性質。）

〈以下插圖，由王子瑜提供〉

呱呱，為什麼沒人理我？

昨天晚上的卡通…

好想看哦！

到了。告辭！
在下的練功時間

別走！我有話…

這是個什麼樣的世界?

1 親愛的哲學家，你瘋了嗎?

～導論～

這是一本介紹西方「形上學」問題的書。19 世紀的美國哲學家詹姆士曾經說：「形上學的研究，無非是在竭盡心力地把事情想清楚而已。」這樣說起來，研究「形上學」，應該有助於思想的釐清。

但如果你隨手翻翻這本書的內容，或其它任何一本有關西方「形上學」的書，你可能會被其中的一些想法嚇了一跳。「的確有郭靖或黃蓉這樣的人」、「除了帥帥的小馬哥以外，還有一個禿頭的、肥肥的、矮矮的、曾經競選臺北市長但落選的小馬哥」、「有些東西可以同時出現在兩個以上的地方」、「今天臺北既下雨又不下雨」……等等，這些似乎都是我們在腦袋「秀逗」時才會提出的主張，但它們卻是一些嚴肅的形上學家所堅信的看法。如果這就是「形上學」，那麼，形上學的任務不但不像是在把事情想清楚，反而有點像 19 世紀英國哲學家布雷德黎所抱怨的：「是在對一個人不管三七二十一都會去相信的事，提供很壞的理由。」

讓讀者了解「形上學」是哲學家深思熟慮後的結晶，而非腦袋短路下的產品，乃是這本書的主要目的！

深奧難懂的形上學？

一般人聽到「形上學」三個字，多半會認為它代表一門玄之又玄、深奧難懂的學問。這樣的反應，並不令人驚訝。「形上」這個詞來自《易經》一書。《易經》中說：「形而上者謂之道，形而下者謂之器」。所謂「道」，指的是無形無狀、抽象而又難捉摸的宇宙原理，而所謂「器」，則是指有形有狀而又具體可見的物理事物。因此，純粹就中文字義來說，「形上學」似乎是一門研究超越有形事物、深奧難測的宇宙原理——「道」——的學問，但這並不是本書中「形上學」一詞的用法。

詹姆士（W. James, 1842～1910）美國著名哲學家與心理學家。哲學思想以強調經驗論與實用主義而著名，著有《實用主義》等書。

布雷德黎（F. H. Bradley, 1846～1924）英國觀念論哲學家。主張這個世界的整體是一個不可分割的「絕對」，著有《實在與表象》等書。

3

在這本書裡,「形上學」指的是西方哲學中 Metaphysics 這個哲學領域。它探討這個世界的「基本結構」,而它所關心的問題主要有二個:一個是這個世界是由哪一些最根本的、不同種類的事物所組成?另一個則是各種事物的根本特性以及之間的關聯為何?淺白一點地說,形上學所探究的問題不外是:「這是個什麼樣的世界?」不用說,探討這個我們生活在其中的世界的學問,不應該是那麼抽象飄緲、玄之又玄吧!

亞里斯多德(Aristotle, 384~322 BC)古希臘哲學家和科學家,邏輯學的創建者。曾受教於柏拉圖,奠定西洋系統哲學的基礎。曾經是亞歷山大大帝的私人教師。思想內容涵蓋廣泛,主要著作有《形上學》、《工具論》、《倫理學》等書。傳說的名言之一是:「吾愛吾師,更愛真理。」

有關 "Metaphysics" 這個英文字的起源是這樣的:西元前 4 世紀時,希臘哲學家亞里斯多德寫了一本《物理學》和一本《第一哲學》的教學講義;後者所探討的,也就是現在「形上學」這個領域中所探討的問題。亞里斯多德去世多年之後,亞里斯多德學校第 11 任校長安卓尼可斯將他原本散亂的講義編輯成書。由於就編排在《物理學》之後,所以《第一哲學》有時又稱為 "Meta-physics"——意指「在《物理學》之後的那卷

書」。有些學者認為 "meta-" 在希臘文中另外有「超出」的意思，並因此認為西方的 Metaphysics 是研究「超越」物理世界的玄妙學問。這樣的看法雖然與中文原義不謀而合，但其實是一個美麗的錯誤（請參見第 6 頁）。

物理宇宙之外的世界

我們剛才說過，形上學所探究的主要問題之一是：「這個世界是由哪些最根本的、不同種類的事物所組成?」在回答這個問題的同時，形上學家通常也一併回答下面這個問題：「這些不同類型的事物有著什麼樣不同的特性? 它們之間又有著什麼樣的關聯?」形上學中研究第一個問題的部份，通常被稱為本體論。

乍看之下，本體論以及形上學所問的問題，似乎和當代物理學所研究的問題沒有什麼兩樣。當代物理學家可能會告訴我們，在這古往今來、浩瀚無垠的宇宙當中，除了有山水、蟲魚、鳥獸、星球、雲河、恐龍、電腦

▶ 本體論 (ontology)：西方哲學中，探討這世界有哪些最基本種類事物的學門。

等這些「巨形」的事物之外，還有光子、質子、中子、電子、夸克等這些「微形」的事物；而且所有巨形的事物，都是由微形的事物以不同的方式組合而成的。表面

這是個什麼樣的世界?

【注意】

> Meta 的意思「是在……之後」,
> 而不是「超越在……之上」。
> 所以,
> Meta-frog 指的是:在青蛙之後,
> 而不是超越在青蛙之上!
> 千萬別搞混哦!

上看起來，物理學似乎已經提供我們有關上述問題的答案了，那麼，為什麼我們還需要形上學呢？

要回答這個問題，我們必須先提醒讀者：形上學家所謂的「世界」，指的是一切事物的總和。注意，我們這裡說的是：「一切事物」的總和，而非只是物理事物的總和而已！如果我們稱所有物理事物的總和為「宇宙」，那麼我們可以說，物理學家所探究的只是這個物理「宇宙」的基本結構，而形上學所探究的則是這個「世界」的根本結構。對許多形上學家來說，物理的「宇宙」只是這整個「世界」的一部分而已。問題是，在物理的宇宙之外，這世界中還有些什麼樣的東西？

這世界裡有山水、蟲魚、鳥獸、電子、夸克、雲河、恐龍、電腦等等，這些都是（幾乎）沒有人會否認的事實。對於形上學家來說，這些東西其實是同一種類的事物，即：佔據一定時間與空間的具體事物。有些形上學家認為，這世界除了這些具體的事物之外，還有許多其

世界 *the world*　宇宙 *cosmos*

它不同「種類」的事物。比方來說：

①一些不佔據時空的抽象事物，如數字、哈利波特、上帝和鬼魂等等；

②一些可以同時出現許多「分身」的特殊事物，如形狀、顏色、以及語言等等；

③更有一些哲學家認為，我們所處的世界其實只是許多世界當中的一個；除了我們的世界以外，還有許許多多的「可能世界」。

當然，也有一些形上學家和物理學家認為，這個世界除了物理的事物以外，就再也沒有其它任何的東西了；換句話說，這些人認為，這物理的宇宙不僅是這世界的一部分，而且是這個世界的全部！

親愛的哲學家，你瘋了嗎？

部分形上學家所提出的主張，像「有郭靖或黃蓉這類不存在的東西」，或「有其它的可能世界」等等，簡直就是跌破一般人的眼鏡！你可能會懷疑，這些哲學家是不是瘋了？以致於提出這麼違反常識的見解？還是他們具有我們一般人所不具有的「慧眼」？可以「看見」一般人所看不見的東西？但為什麼不同的形上學家會有不同的慧眼呢？是不是形上學其實是像布雷德黎所說的一樣，

只是在對一個人無論如何都會去相信的事，提供莫名其妙的理由？

其實，這些形上學主張的目的，無非是在解釋、並組織我們對這個世界所擁有的「常識」罷了。我們對這個世界有許多常識性的看法，除了前面有關山水、蟲魚、鳥獸、電子、夸克、雲河、恐龍、電腦等事物存在的判斷以外，我們的常識似乎還包括下面這些被認為是「正確」的判斷：

「黃蓉是女人」

「郭靖是男人」

「小張很崇拜郭靖」

「黃蓉比這世界上大部分的女人聰明」

「2+3=5」

「小馬哥有可能比現在胖」

「所有直徑兩公分的圓都有一樣的形狀」

「有些敘述詞是模糊的」

問題在於，哪一個關於這個世界的理論才最能解釋：為什麼我們會抱持這些常識上的看法？當然，有的時候，我們對這個世界所擁有的常識性看法在局部上是矛盾的。這個時候，一個好的形上學理論不但要能夠解釋我們大部分的常識，還要能夠指出我們看法中的錯誤所在，

逼迫我們修改、糾正我們對這個世界的局部看法，以消除矛盾。這樣看起來，形上學家的做法和一般科學家其實沒有太根本的差異：大家都只是在追求對所擁有的資料的「最佳解釋」而已。不同的是，形上學的資料不必透過感官去尋找，不必在實驗室裡累積，也不必利用問卷去蒐集，形上學家只要在自己的腦袋當中仔細思索、做做「思想實驗」就可以了。

▶ 資料 (data)：指零散沒有系統、一般被視為真實、但卻非神聖而不可被修正的記錄。在一個學門中，理論的目的一方面在解釋資料，並因而有系統地「組織」既有的資料，另一方面則在進一步指導更多資料的蒐集。

所以，如果某個形上學家的理論讓人乍看之下驚世駭俗，理由沒有別的：因為他認為，他的理論是眾多對資料的解釋當中最好的一個！不用說，如何決定是否接受一個形上學理論，主要就是要看這個理論對資料解釋的功力有多強吧！

大家非得這樣吵個不休嗎？

在本書大部分的章節中，你會發覺，討論的模式通常是這樣進行的：某些形上學家主張有某種「新的」事物（如，必然的存在物、共相、可能世界、不存在的東西、矛盾等等）。為了要說明為什麼要相信這類「新的」事物，這些形上學家訴諸於類似這樣的理由：只有接受

10

有這類新的事物，才足以說明我們的資料。而其它的形
上學家則反對有這種「新的」事物，他們或者認為：這
些新事物其實只是一些舊的、我們所熟知的事物的重新
組合；或者認為：我們其實無須訴諸新的事物就足以解
釋我們的資料。為了證明自己的立場才是正確的，於是
乎各式各樣的理由、論證、證明、批評、攻擊也就紛紛
上場。有的時候新發明的理論也來湊上一腳，加入戰局，
討論因此就更鬧得不可開交了！有些形上學的問題，甚
至就這樣吵吵鬧鬧了兩千多年之久耶！

　　大家非得這樣吵個不休嗎？我們不能簡單地計算一
下每個理論的解釋「功力」就好了嗎？不幸的是，要判
斷一個理論對資料解釋的「功力」到底有多強，並不是
一件容易的事，我們必須考慮許多因素，也必須使用大
量複雜的推理。我們還得考慮一個理論的「戰鬥力」強
弱：

● 可以被解釋資料的數量有多少？或比例有多高？

● 每一筆可被說明的資料的可靠性如何？

● 每一筆可被說明的資料的重要性又如何？

除此之外，我們還得考慮一個理論的「防禦力」：

● 這個理論是否會牴觸其它領域中一些普遍被接受的
看法或理論？

● 這個理論是否比其它競爭中的理論更為簡單？

這是個什麼樣的世界?

- 這個理論是否比其它競爭中的理論更有應用的潛力?
- 當資料彼此牴觸時,這個理論是否比其它理論更有解消牴觸的能力?

但更嚴重的問題是,對於這裡每一個需要被考慮的事項,形上學家仍然可能會有不同的意見! 無怪乎我們的形上學家們要整天吵個不休了!

打起精神來! 別氣餒!

這樣的困難說明了, 為什麼形上學的討論總是令人覺得艱深而複雜;它同時也說明了,為什麼有些形上學問題會在爭吵了兩千多年之後,仍然沒有一個定論。這種處境,有時的確令人感到氣餒。20 世紀初一些號稱為邏輯實證論者的哲學家就曾經冷酷地指責說,形上學會有這樣的處境,那是因為形上學本身「都是沒有認知意義的敘述」所造成的。根據他們的看法,只有自然科學才真正可以告訴我們這個世界的真相。

▶ 邏輯實證論者 (logical positivists): 維也納學派的哲學家 (活躍於 1922~1938) 所提出的主張。根據這個主張中的意義檢證標準,凡是無法決定性地證明真假的敘述都是沒有認知意義的敘述,而形上學中的敘述正是其中的一種。

12

但如果事實真如邏輯實證論者所說，我們也就不必寫一本形上學的書啦！事實是：邏輯實證論者對「有認知意義的敘述」的要求太過嚴格了！根據邏輯實證論的標準，只有「能夠決定性地證明真假」的敘述，才是有認知意義的敘述。如果所謂「能夠決定性地證明真假」，指的是「沒有絲毫合理懷疑其真假的餘地」，那麼，根據這個標準，不僅形上學的敘述會被算作是「沒有認知意義的」，就連自然科學和社會科學中重要的陳述、以及所有關於過去或未來的陳述也都是「沒有認知意義的」。試想，有哪一個科學家可以宣稱，他的理論、或他的歸納結論，會是沒有絲毫合理懷疑真假的餘地呢？又有哪一位歷史學家、考古學家或未來學家可以宣稱，他們對過去歷史、或未來世界的推測，會是沒有絲毫合理懷疑真假的餘地呢？沒有人會因此說，這些人的理論或推測是沒有認知意義的，但為什麼形上學家的理論就得要背這樣的黑鍋呢？

　　更何況，當邏輯實證論者說「只有自然科學才真正可以告訴我們這個世界的真相」時，這種看法本身就已經是一種形上學的意見了。所以，邏輯實證論的看法不但不構成我們排斥形上學的理由，反而增強了我們研究形上學的動力。

　　不可諱言，比起若干科學來說，形上學的進步的確

是牛步了些，但這是因為它所研究的問題太過於艱深使然；而且持平地說，好歹它是在逐漸地進步中吧！一些不合理的看法逐漸被揚棄，有問題的論證逐一地被指出，而一些越來越有解釋力的理論也不斷地被提出。所以，加油吧！研究形上學，可千萬別氣餒哦！

形上學的果實

研究形上學會帶給我們什麼實質上的好處？坦白地說，研究形上學就像研究其它大部分的哲學領域一樣，並不會帶給我們任何實用性的知識；精通形上學不會讓人發明新器具，也不會讓人因而懂得待人接物之道，更不會讓人因而學會謀生的一技之長（當然，除了那些在大學中教授形上學的老師以外）。那麼，為什麼要研究形上學呢？形上學的果實是什麼呢？

亞里斯多德說，形上學的對象是純粹真理本身，而不是實用性的知識；而認識真理本身所帶來的收穫，則是「智慧」。我們千萬不要覺得，這只是哲學家在「老王賣瓜，自賣自誇」而已。研究形上學可以讓人深入瞭解這個世界的結構，也可以讓我們知道常識背後所蘊涵的深刻道理。研究形上學還可以讓人學會追求對這世界的深刻解釋，不輕易去接受膚淺的意見與看法。如果所謂

的智慧，指的是明白事理而不愚蠢，那麼，研究形上學
的結果當然就是增長智慧啦！哲學家以形上學來追求對
這世界的理解，尋求智慧，這與寄望於巫術、神話、民
間信仰、命理、魔法、通靈、宿命等來求得滿足與慰藉，
是完全不同的。

本書的規劃與指南

　　本書除了這一章導論以外，其餘共分成八章。在第
2、5、6、7、8 這五章當中，我們所討論的問題包括：

- 在這世界當中，除了我們已經習見的個別事物以外，
  是不是還存在著一種能夠同時出現在不同地方、或
  不同事物上、具有分身能力的特別事物，或哲學家
  所謂的共相（第 2 章）？
- 是不是還有一種大家常說的自由意志，人們可以用
  它來決定自己要做些什麼（第 5 章）？
- 是不是除了存在的東西以外，還有一些像福爾摩斯、
  郭靖以及黃蓉這種不存在的東西（第 6 章）？
- 是不是除了實際上的東西以外，還存在著一些可能
  的東西，像電影「救世主」中所描述的可能世界或
  可能人物（第 7 章）？
- 是不是還存在著一位創造萬有、具有無限能力、必

然存在的上帝或魔鬼（第8章）？

至於第三和第四兩章，則在探討兩種非常重要的關係：因果關係以及等同關係。在日常生活以及嚴格學術活動中，因果關係無疑佔據十分重要的地位；而等同關係則是所有事物所共同具有的特性：每一個東西都等同於它自己，而不等同於別的東西。這些看起來簡單的關係，卻有一些令人覺得困惑的地方。比方來說，原因一定在結果之前嗎？因果關係聯繫的是些什麼樣的東西呢？它本身又是一種什麼樣的關係呢？我們可以不循環地去分析它嗎？再比方說，沒有人會懷疑你和小時候的你是「同一個」人，但仔細比較一下，你和「他」卻沒有一丁點相同的地方，甚至沒有一個細胞或想法是一樣的！那麼，為什麼現在的你還會「是」他呢？在這兩章裡，我將仔細說明形上學中幾種有關因果和等同的看法，並說明它們各自所抱持的理由。

（上述這些討論，並沒有窮盡形上學家感興趣的所有問題。我們之所以只討論它們，並不是因為其它問題無趣，而是因為形上學問題，如「心物問題」可參見《人心難測——心與認知的哲學問題》一書，所以不再放在這本書裡討論。至於其它重要的形上學問題，如「數是什麼」、「事件是什麼」、「事態是什麼」、「時間是什麼」和「空間是什麼」等等，則因為所涉及的問題過於專技

與複雜，所以也不放在這本介紹性的小書裡說明。）

　　以上 2 至 8 章所討論的，是這個世界中的一些基本類型的事物，以及它們的基本特性。第 9 章所探討的，則是這個世界本身的特性：大部分的人相信，「矛盾」是一件要不得的事，因為矛盾不可能為真。但這個世界本身會不會就是一個自相矛盾的地方,以致於我們可以說：「某些事情既是如此又不是如此」呢？有什麼好的理由可以讓我們說，這世界不是個矛盾的世界呢？又有什麼好的理由可以讓我們說,這世界會是一個矛盾的世界呢？

出發前的叮嚀

　　在這本書裡，讀者們將會讀到不同哲學家對同一個問題所持的不同看法，但不會看到作者本人的意見。因為刺激讀者自己去思考，似乎比陳述作者的意見來得更重要些吧！況且，在哲學中，太早對一個問題產生既定的立場，多半是一件不成熟的事啊！

　　這本書的各章都不預設其它章節，因此每一章均可以獨立閱讀。讀者們可以依照自己的興趣,選擇閱讀的順序,也可以依照作者的安排,逐章地閱讀下去。不過，在閱讀前，作者希望，讀者們已經開始有了：「形上學是哲學家深思熟慮後的結晶，而非腦袋短路下的產品」的看法!

2 能夠「分身」的事物

～共相問題～

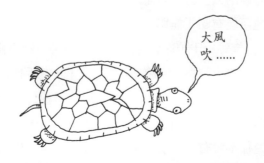

〈 大風吹 〉

這是個什麼樣的世界？

　　大部分的人在小時候玩過一種遊戲，叫做「大風吹」。如果你沒玩過或聽過，沒關係，我現在就說明給你聽。一群人中選出一個「鬼」來，站在場地中央，其它的人則圍著「鬼」排成一個圈，各坐在椅子上。做鬼的人說：「大風吹」，其它的人問：「吹什麼？」做鬼的人接著說「吹……的人」，其中「……」可以放入任何有關人的描述。比方來說，做鬼的人可以說「吹是男生的人」或「吹穿藍衣服的人」等等。聽到這樣的話，所有符合這個描述的人就得立刻站起來，交換座位。通常「鬼」會搶先一步找到椅子坐下，於是，沒有找到椅子坐的倒楣蛋就成了下一個「鬼」。

　　實際上在遊戲的時候，你會發覺，有時「鬼」對人的描述可能很模糊，像「吹很高的人」或「吹是胖子的人」等等；但有時這些描述則可能很精準，像「吹身高150公分整的人」或「吹讀××國小的人」等等。有時這些描述可能有點「無聊」，像「吹是人的人」或「吹有鼻子的人」等等；但有時這些描述則可能帶一點「創意」，像「吹昨天晚上沒夢到劉德華的人」、「吹左手邊是女生而右邊是男生的人」等等。不管怎樣，只要你不說出像「有八個鼻孔」、「跑得比光快」或者「又光頭又有滿頭秀髮」這種不會有人符合的描述，你總會見到滿場的人趴趴走，玩得不亦樂乎。這就是「大風吹」！

能夠分身的雞腳

　　「大風吹」遊戲所顯現的一個事實是：我們往往可以在許多個別的事物間，看出它們在某一方面的一致性，像都是男生，或都很高等等，並且可以因而將它們與其它事物區分開來。但為什麼我們可以這樣做？我們具有這樣的能力這件事，有沒有一個合理的解釋呢？

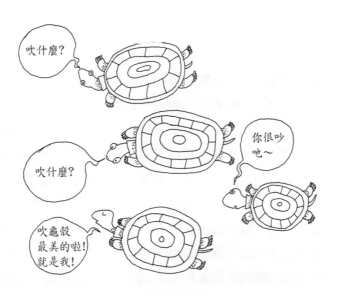

從古希臘哲學家柏拉圖的時代開始，就有一些號稱為唯實論者的哲學家認為，我們之所以可以這樣做，理由很簡單：那是因為有同樣的一個東西，同時出現在這許多事物身上，或者同時被這許多事物所展現出來！比方來說，我們之所以可以看出許多事物在顏色上都是黃的，那是因為有同樣的一個東西，也就是**黃**這個東西，同時出現在個別的事物身上，或同時被這些事物所「展現」出來。如蛋黃、香蕉皮、向日葵和小雞的羽毛，都展現出「黃」色。

唯實論者因此將事物分成兩類：一種是「整個兒」同時只能出現在一個地方、或一個事物身上的東西，叫做殊相；另一種則是「整個兒」同時能夠出現在許多地方、或許多事物身上的東西，叫做共相。簡單地說，殊相是整個兒不能分身的事物，而共相則是整個兒可以分身的事物。一般說來，我們平常所注意的事物，多半都是「殊相」，如這張椅子、那個人、這根香蕉或那朵向日葵等等。這些東西除了它們現在所在的位置外，並不能同時又出現在別的地方。但唯實論者認為，這世界除了「殊相」以外，還有許多可以同時出現在多個事物身上、或被它們一致展現出來的東西，像顏色（如剛才提到的黃色）、形狀、種類、樂曲（例如同一段音樂，可以同時被不同的樂團所演奏）等等，這些東西就稱為「共相」。

柏拉圖（Plato, 427～347BC）古希臘哲學家。為蘇格拉底的學生、亞里斯多德的老師。認為幾何和數學是研究哲學的基礎，強調道德的精義在於明理。西元前 387 年創立柏拉圖學院，提倡哲學教育，有計畫地培訓社會領袖人才。著作首創以對話的體裁傳述思想，其中以《理想國》一書最著名。還有許多本對話錄；每一本都以他的老師蘇格拉底作為主角。他的哲學思想，以主張有獨立於物質世界之外的觀念世界或共相世界最為著名。

▶唯實論 (realism)：相信有共相存在的形上學看法。
▶共相 (universals)：可以同時整個兒出現在多個事物身上，或被它們一致展現出來的東西。
▶殊相 (particulars)：在一個時間裡，只能整個兒出現在一個地方、或一個事物身上的東西。

為什麼要特別強調「整個兒」？那是因為有些被哲學家認為是「殊相」的東西，可以「局部地」出現在不同的地方。比方來說，一個大學可能由好幾個校區所組成，這個時候，我們也許會說「這裡是某大學，那裡也是某大學」，彷彿一個大學可以同時在幾個地方出現似地。但嚴格地說起來，我們應該更正確地說：「這裡是某大學的一部分，而那裡則是該大學的另一部分」。「整個的」大學不會既出現在這裡，也在那裡出現。相對於像大學這種「整個兒」不能分身的殊相，圓、黃、椅子這類的共相，如果有的話，則是「整個兒」出現在任何一個圓的、黃的、是椅子的事物身上。

　　中國戰國時代，哲學家公孫龍子曾經主張：雞有三隻腳。他的理由是：任何的一隻雞，除了有左腳和右腳之外，還有「腳」，而這個「腳」既非左腳也非右腳；所以，雞有左腳、右腳和「腳」，一共三隻腳。如果公孫龍子所說的這隻額外的「腳」，指的是腳的共相**腳**的話，那

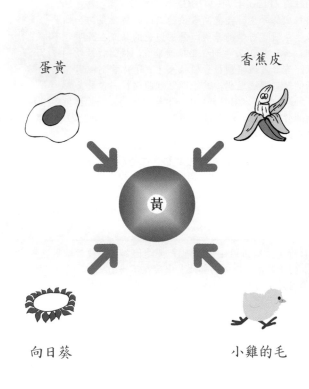

蛋黃

香蕉皮

黃

向日葵

小雞的毛

←：展現

問　題：為什麼我們可以辨認出，這些不同的事物在顏
色上是一致的?

唯實論：因為有同一個共相「黃」被這些事物所展現出
來。

麼，他所說的並不算太離譜。只是：第一、這樣的**腳**似乎不適合用「隻」去計算；第二、雞「有」這個**腳**的有法，和雞「有」左、右腳的有法，似乎不是同樣的一種有法吧！(想想看，這兩種「有」法，是如何不同呢?)

公孫龍子(戰國趙人，325～250 BC)中國戰國時期著名的「名學家」，以探討語言與邏輯而著稱，留有許多詭辯。著有《公孫龍子》。

不一樣的玩法

傳統的大風吹，吹的是一些符合某一種描述的「個人」；哪一個人符合鬼所描述的，那個人就得趴趴走。但我們也可以稍微改變一下玩法，讓鬼可以將參加遊戲的人「成雙成對」地吹起來。比方來說，鬼可以說：「吹有夫妻關係的一對」、「吹現在是男女朋友的一對」、或「吹正在講話中的一對」等等。這時候，所有符合鬼描述關

吹,吹有頭髮的人!

係的那幾對人馬，就得趕緊站起來，搶換椅子坐下來。當然，我們還可以再進一步改變玩法，讓鬼可以將參加遊戲的人每三個一組、每四個一組、或每五個一組等等地吹起來。比方來講，鬼可以這樣說：「吹是三兄弟的一組人」或「吹是四姊妹的一家人」……等等。這樣一來，大風一吹，滿街趴趴走的人就會更多、更熱鬧了。

　　大風吹之所以可以這樣變調地玩，這裡所顯現的另一個事實是：我們不止可以在許多「個別的」事物中間，看出它們在某一方面的一致性；我們甚至可以在許多的「事物對」、或三、四個一組的「事物組」之間，看出組成它們的事物在某一關係上的一致性。比方來說，我們

可以看出許多的兩人組都是夫妻，或許多三人組都由老中青三個人所組成等等。但為什麼我們可以這樣做呢？

對於這個問題，唯實論者的答案依然很簡單：那是因為有「同樣的一個東西」，同時出現在這許多對、或許多組的事物之間！比方來說，我們之所以可以看出許多對的男女是夫妻，那是因為有同樣的一個東西（**夫妻關係**），同時出現在這許多對的男女之間。同樣地，我們之所以可以看出許多的三人組是一家三兄弟，那是因為有同樣的一個東西（**三兄弟關係**），同時被這許多的三人組所「展現」出來。

唯實論者因此進一步將共相分成兩類：一類是單一一個事物就可以展現出來的共相，像**黃、圓、人**等等；另一類則是兩個或兩個以上的事物組才可以展現出來的共相，像**夫妻、一丈之遙、三兄弟**等等。唯實論者稱前面這種共相為性質，而稱後面這種共相為關係。如果是兩個東西間的關係則稱為「二位關係」，如果是三個東西間的關係則稱為「三位關係」。同理，n 個東西間的關係就稱為「n 位關係」。對唯實論者來說，共相可說是琳瑯滿目、五花八門！

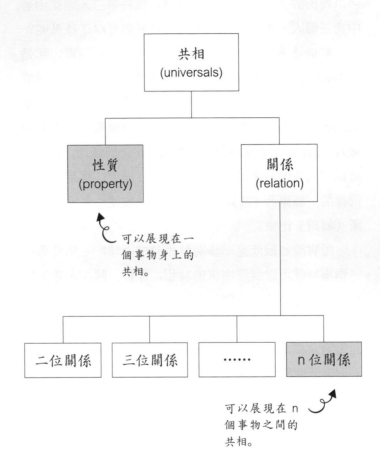

可以展現在一
個事物身上的
共相。

可以展現在 n
個事物之間的
共相。

共相一族

　　但是，我們不只可以在許多殊相之間，看出它們在某一方面的一致性；我們也不只可以在許多的殊相組之間，看出它們在某一關係上的一致性；我們更可以在許多的「性質」之間，或許多的「關係」之間，看出它們在某一方面是一致的。比方來講，我們可以看出**八邊形、四邊形、五邊形**都是形狀，**黃、白、草綠**都是淺色，而**婚姻關係、同學關係、等於關係**則都是對稱的關係。為什麼我們可以這樣做？甚者，我們還可以看出許多對或組的性質之間，或許多對或組的關係之間，在某種關係上也是一致的。比方來講，我們可以看出〈**黃，黑**〉和〈**白，紅**〉這兩對顏色間，似乎有著一致的關係，也就是第一個顏色比第二個淺的關係等等。但為什麼我們可以這樣做呢？

　　依照同樣的推論，唯實論者似乎得說，那是因為有同樣的一個共相，被這許多的共相（或共相組）所共同展現出來。這樣看起來，唯實論者不只得說殊相能夠展現出共相，他們似乎還得說共相也能夠展現出共相。讓我們稱殊相所能展現出的共相（性質或關係）為一階共相，讓我們稱一階共相（性質或關係）所能展現出的共

這是個什麼樣的世界?

相(性質或關係)為二階共相,而讓我們稱二階共相(性質或關係)所能展現出的共相(性質或關係)為三階共相等等。那麼,唯實論者似乎得說,對任何的數字 n 來講,可能都會有一些 n 階的共相存在。不用說,各階層的共相都可以再進一步區分為兩種:一類是個別的共相所能展現出來的 n 階性質,另一類則是兩個或兩個以上的共相組所能展現出來的 n 階關係。

不過,承認有這麼大一家族的共相,並不是件會令唯實論者覺得難堪的事。這就好像承認有一大堆的原子,並不會令物理學家感覺到難堪是一樣的。最重要而又根本的問題是:我們到底有沒有好的理由,去相信有共相這一類東西呢?

▶對稱關係:如果當 a 和 b 具有關係 R 時,b 和 a 就會具有同樣的關係,那麼,我們就說這個關係 R 是對稱的關係。比方來說,如果 a 和 b 有婚姻關係,b 和 a 就會有婚姻關係;所以,**婚姻**關係是一種對稱的關係。相對於此,**大於**的關係並不是對稱的關係,因為當 a 大於 b 時,b 並不會大於 a。

▶一階共相:殊相所能展現出的共相(性質或關係)。

▶二階共相:一階共相(性質或關係)所能展現出的共相(性質或關係)。

▶三階共相:二階共相(性質或關係)所能展現出的共相(性質或關係)。

▶n 階共相:n-1 階共相(性質或關係)所能展現出的共相(性質或關係)。

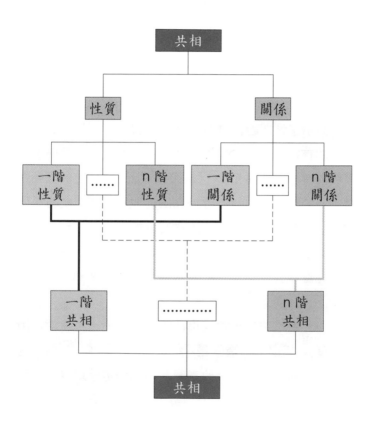

談論共相的語言

談論共相的語言

對於這個問題，唯實論者大抵會這樣回答：假設有共相的存在，不但可以說明「為什麼我們可以看出不同事物間有相同的面相」，它還可以說明「為什麼我們語言當中一些很基本的句子會是真的」。比方像「王文方是男的」、「小黑是一隻狗」、「王文方喜歡小黑」、「紅是一種顏色」、「寬宏大量是一種美德」、「雄性是一種動物特徵」、「白比紅淡」、「王文方和陳水扁喜歡同一個顏色」這類句子。

為什麼這些句子會是真的？唯實論者大抵會說，所謂「真」，說穿了不過就是「符合事實」罷了：一個真的句子有一個符合該句子的事實，而假的句子則沒有。但什麼是「符合」？唯實論者或許會說：一句話要「符合」一個事實，至少該句子中所有有意義的部分，都必須對應於事實中的某個成分。舉「王文方是男的」這句話為例，這句話要為真，必須：

(1)「王文方」這個詞代表世界中的某個東西，即作者；

(2)「男的」這個詞也代表世界中的某個東西，即**雄性**這個共相；而且，

(3) 事實上，作者展現了**雄性**這個共相──正如「王文方是男的」中的「是」字所斷說的一樣。

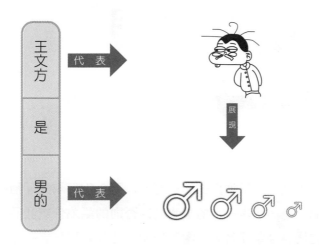

你也許會抗議說，語言中只有像「王文方」這樣的名詞，才代表世界中的事物，而「男的」、「紅的」這類的形容詞，它們的作用則不在於代表世界中的任何事物；而這也就是為什麼我們只叫前者為「名詞」的緣故！所以，要說明「王文方是男的」這樣的句子為什麼是真的，我們似乎不用、也不應該假設「男的」這個敘述詞代表

任何的東西吧！

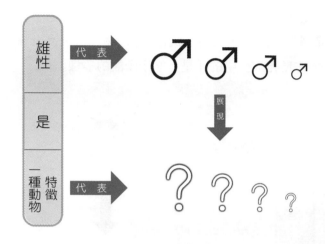

　　不過，如果你真的這樣認為，至少你得承認「抽象名詞」應該代表一定的事物吧！否則的話為什麼我們要稱它們為抽象「名詞」呢？但如果抽象名詞代表一定的事物，那麼，像「紅是一種顏色」、「雄性是一種動物特徵」這樣的句子要為真，就非得有「紅」和「雄性」所談論的對象不可，不是嗎？表面上看起來，這些句子談論的對象，是像紅、**雄性**這類可以展現在許多事物身上的東西。所以，這樣的句子要為真，似乎這世界當中得有一些共相才行，不是嗎？

最後，讓我們先看看「王文方和陳水扁喜歡同一輛車子」這個句子。如果這個句子是真的，那會是因為有一輛車子，是王文方和陳水扁共同喜歡的車子。同理，如果「王文方和陳水扁喜歡同一個顏色」為真，那是因為有一個顏色，是王文方和陳水扁共同喜歡的顏色。而且顏色是可以展現在許多事物身上的東西；所以，這樣的句子要為真，似乎這世界當中得有一些共相才行，不是嗎？

大風吹出亂子來！

這樣看起來，似乎是有一些不錯的理由，讓我們承認有會分身的共相——至少承認有會分身的共相，比承認有會分身的神棍來得有道理得多吧！但一旦我們開始承認有像**圓**、**黃**、**椅子**這樣的共相，其它的共相就再也擋不住啦！仔細看看下面這些圖形，看看你是否能夠找出它們一致的地方來？

答案是: 當然你能夠! 一致的地方太多啦!

①由線條所組成的

②出現在同一張紙上

③不是蝴蝶

④不是狗

⑤不是八角形

⑥不是九角形

⑧不能拿來修車

⑨它們的左邊或右邊都有別的圖形

⑩或者是紅綠燈、或者是蝸牛、或者是汽車、或者是大眼睛

⑪如果被塗成黃色, 就會變成黃色

⑫等於自己而且不等於別的東西

⋮

現在，我們可以問：這些圖形之所以會具有這麼多一致的面向，是不是因為它們在每一個面向上，都展現了「同樣的一個東西」，也就是「共相」呢？換句話說，是不是「由線條所組成」、「不是蝴蝶」、「如果被塗成黃色，就會變成黃色」這些敘述詞，都代表一個共相呢？

你或許會認為，這個問題對唯實論者來說，不應該是什麼難以回答的問題；畢竟，他們不是已經承認有各種階層的共相了嗎？但相信有各種階層的共相，和相信同一階層的共相有無數種，終究不是同一件事。而我們現在的問題是：是不是凡是可以「真地」用來描述任何一群東西的敘述詞，都代表一個共相呢？

無論回答 Yes 或 No，似乎都讓唯實論者相當難堪。如果說「任何可以真地用來描述一群事物的敘述詞，都代表一個共相」，那麼他們似乎得說，前面的每一個簡單圖形，都有著數量龐大、數都數不清的性質，但這似乎一點都不像是我們平常會接受的看法。畢竟，這些圖形對我們來說，都只是「極為簡單的」圖形而已。其次，有些可以真的用來描述一群事物的敘述詞，像「高個子」、「胖子」、「禿頭」等等，其實是相當模糊的詞。如果它們也代表一些性質的話，它們所代表的是「模糊的」性質嗎？但什麼是「模糊的」性質呢？是指一部份出現在事物身上，而另一部分則不會的性質嗎？還是指不清楚

地出現在事物身上的性質呢？更糟糕的是，這樣的看法還會導致「壞的無限後退」和邏輯上的矛盾。由於最後這兩個問題說明起來較為複雜，所以我們將它們放在本書的附錄中。

所以，唯實論者最好說：並不是每一個可以真地用來描述一群東西的敘述詞，都代表一個共相！但問題是：哪一些敘述詞才真正代表共相?而哪一些敘述詞則否呢？這中間的標準何在？如果真的有人說出一個標準來，為什麼我們得接受它呢？這些問題似乎都讓唯實論者難以回答。

語言的剃刀與概念的剃刀

唯名論的剃刀

唯實論者認為，我們必須訴諸「有共相」這樣的假設，才能解釋不同事物間為什麼會有一致的面相，以及為什麼有些句子會是真的。但唯名論者相信，我們其實可以不訴諸於共相而去解釋這些現象。而如果我們可以這樣做，那麼，基於哲學上所謂的奧坎剃刀原則——不要假設在解釋上不必要的東西——我們便應該徹底放棄

「有共相」的這個想法。但問題是：唯名論者所設想的解釋，可能嗎？

關於這個挑戰的問題，不同的唯名論者有著不同的答案。基於篇幅上的限制，我們只挑出其中比較有代表性的三種，來略加說明：1.後設語言的唯名論、2.概念的唯名論以及3.殊質的唯名論。

> ▶奧坎剃刀原則 (Ockham's razor)：中世紀哲學家奧
> 　坎所提出的原則：在提出理論解釋現象時，不要假
> 　設任何在解釋上不必要的東西。
> ▶唯名論 (nominalism)：不相信有共相存在的形上學
> 　看法。
> ▶後設語言的唯名論 (meta-linguistic nominalism)：訴諸於語言項
> 　目來解消共相的唯名論理論。
> ▶概念論的唯名論 (conceptual nominalism)：訴諸於概念來解消共
> 　相的唯名論理論。
> ▶殊質的唯名論 (trope nominalism)：訴諸於殊相性質和關係來解
> 　消共相的唯名論理論。

語言的剃刀

20世紀美國哲學家卡納普認為，我們只需訴諸於個別被寫出來、或被說出來的「語言項目」，就可以解釋唯實論者所提出來的現象。毫無疑問，每一個被寫出來或被說出來的語言項目，如這個或那個字、這句或那句話

等等，都只佔據一定的時間和空間，而且不會同時出現在不同的事物身上；換句話說，它們都只是殊相而已。如果卡納普可以成功地只用這些語言項目，便作出所需的解釋，當然我們也就不需要再假設有共相這種東西了。類似卡納普這樣的想法，一般稱之為後設語言的唯名論，這種理論最早可以追溯到中世紀。

為什麼我們可以看出不同的事物有著一致的面相？對後設語言唯名論者來說，理由非常簡單：那是因為我們將「同一個敘述詞」應用在這些事物的身上。為什麼所有黃色的東西展現出一致的面相？那是因為我們都稱呼它們為「黃色的」的緣故。為什麼所有的人展現出一致的面相？那是因為我們都稱呼他們為「人」的緣故……等等。

卡納普（R. Carnap, 1891～1970）德國出生的美國哲學家，維也納學派的重要領導人之一。1935年移居美國並終老於斯地。主要成就在語言學、模態邏輯的語意論與科學哲學中的機率理論。主要著作有《意義與必然性》等書。

為什麼唯實論者所提到的那些句子會是真的？理由也很簡單：語言中的敘述詞通常將事物區分成兩類：該敘述詞應用得上的一類，以及它應用不上的一類；拿該敘述詞來述說前一類，所得到的句子就為真，

否則就為假。比方來說，王文方這個人，是「男的」這個詞可以應用得上的東西，所以「王文方是男的」為真。同樣的，〈王文方，小黑〉這一對，是「喜歡」這個詞可以應用得上的一對，所以「王文方喜歡小黑」為真。

磨利語言的剃刀

這樣看起來，後設語言唯名論者似乎對於任何事情都有一些簡單、且無需訴諸共相的解釋。但慢著！像「紅是一種顏色」這樣的句子呢？如果「紅是一種顏色」之所以為真，乃是因為「一種顏色」這個詞可以應用在「紅」這個字所「代表」的事物身上，那麼，我們難道不應該說：至少「紅」這個字，代表某個在許多事物上可以重複出現的共相嗎？

對於這個問題，卡納普的答覆是：當主詞是抽象名詞時，這樣的主詞並不代表什麼可以分身的共相，而是代表著與該名詞相對應的敘述詞而已。比方來說，「紅是一種顏色」真正的意思是：「紅色的是一個顏色敘述詞」；「寬宏大量是一種美德」真正的意思是：「寬宏大量的是一個道德敘述詞」；「紅是一種性質」真正的意思其實是：「紅色的是一個形容詞」；「人是一種動物」真正的意思其實是：「人是一個普遍名詞」等等。

概念的剃刀

中世紀以及其後的 17、18 世紀時，歐洲有些哲學家另外持著一種和後設語言唯名論差不多的想法；不同的地方在於：他們訴諸於個別出現在你我腦袋中的「概念」，去解釋各種的現象。這樣的理論通常被稱為概念論或概念的唯名論。

為什麼我們可以看出不同的事物會有一致的面相？對概念的唯名論來說，理由非常簡單：因為我們將「同一個概念」應用在這些事物身上。為什麼我們所提到的那些句子會是真的？理由也很簡單：語言中的敘述詞反映我們的概念，而後者將事物區分成該概念「應用得上的」和「應用不上的」兩類。如果「A」這個詞所代表的事物，是 F 這個概念應用得上的東西，則「A 是 F」為真，否則「A 是 F」為假。

但如果「A」本身就是個抽象名詞呢？概念的唯名論會說，這時這個抽象主詞所代表的，其實就是與這個詞相對應的概念。比方來說，「紅是一種顏色」真正的意思其實是：「紅概念是一個顏色概念」。不用說，如果後設語言唯名論有任何說服力的話，概念的唯名論也應該差不到哪裡去吧！

苦情姊妹花

　　不過，我們似乎也可以說：如果後設語言唯名論有任何問題的話，概念的唯名論也應該好不到哪裡去吧！事實上，這一對苦情姊妹花的境遇似乎不是太好。

　　首先，兩姊妹都涉有「倒果為因」的重大嫌疑。這兩個理論告訴我們說，我們之所以能夠看出不同事物有著一致的面相，那是因為我們將同一個敘述詞、或同一個概念加諸在這些事物身上所造成的。但常識的看法似乎正好與此相反；常識的看法是：我們之所以會將相同的敘述詞或概念加諸在一些事物身上，那是因為我們看出它們之間有著一致的面相所致。況且，有時我們在缺乏適當詞彙和概念的情形下，仍然可以看出事物間存在著一致的面相。因此，這一對姊妹花對這個現象的解釋不太像是正確的。

　　其次，兩姊妹似乎還是不能完全地說明，為什麼某些句子會是真的。比方來說，「王文方比較喜歡藍色而不喜歡紅色」是真的，但這件事卻不能用「王文方比較喜歡『紅色的』這個詞（或紅概念），而比較不喜歡『藍色的』這個詞（或藍概念）」來說明。因為，王文方可能實際上比較喜歡「紅色的」這個詞（因為它比較好寫），而

不喜歡「藍色的」這個詞；而且比較喜歡紅這個概念（因為它比較容易分析），卻不喜歡藍這個概念。同樣地，「白比紅淡」是真的，但這件事也不能用「『白色的』這個詞（或白概念）比『紅色的』這個詞（或紅概念）顏色來得淡」來說明。因為「白色的」這個詞本身，並不會比「紅色的」這個詞顏色來得淡；而白這個概念，也不會比紅這個概念顏色來得淡點。

再者，中文「紅是一種顏色」與英文 "Redness is a color" 有相同的意思。但兩個句子的意思要相同，至少它們得談論相同的東西才行。換句話說，如果兩個句子所談論的東西不同，它們就會有不同的意思。可是，根據後設語言唯名論的看法，「紅是一種顏色」所談的是「紅色的」這個詞，而 "Redness is a color" 所談的卻是 "red" 這個詞。因而根據後設語言唯名論，這兩個句子會有十分不同的意思——但這似乎違反我們的常識。就這一點來說，概念唯名論的景況似乎稍微好些，因為不論是中國人的紅概念，還是外國人的 redness 概念，大概都只是同樣的一個概念而已。

但是，一旦我們開始說「每個人所擁有的紅概念，其實都是同樣的一個紅概念」時，我們就再也無法避免承認有共相的存在了。的確，個別出現在你我腦袋中的紅概念都只是殊相，但它們卻有著相同的「內容」，而這

也就是為什麼它們都是「同一個」紅概念的原因。這個相同的內容既被你腦中的紅概念所展現，也被我腦中的紅概念所展現，所以這個內容說穿了其實就是唯實論者所說的「共相」。同樣地，個別被寫出來、或個別被說出來的述詞「紅色的」都只是殊相，但它們卻都屬於同一個「類型」。所以說，這個相同的「類型」也只能是共相，不是嗎！

性質與關係是殊相！

有鑑於這些困難，有些唯名論者因此承認說，「性質」和「關係」都是客觀存在的東西，但它們並不是同時可以在不同事物上展現的共相，而是同時只能在一個事物上展現的殊相。這樣的主張，一般稱之為殊質的唯名論。根據這個主張，這個東西的**黃**和那個東西的**黃**，不論它們是如何的相似，畢竟不是「同一個」**黃**。同樣的，這個東西的**圓**和那個東西的**圓**，儘管無法區別，終究不是「同一個」**圓**。殊質的唯名論者認為，雖然不同的事物會展現出極其相似、甚至無法區別的性質，但每個事物所具有的性質其實都只屬於該事物所有，而不屬於其它事物。同樣的，雖然許多的事物組會展現出極其相似、甚至無法區別的關係，但每個事物組所具有的關係其實

類型　*type*

都只屬於該事物組，而不屬於其它事物組。性質和關係
因此都是殊相，我們可以稱它們為殊質。

▶殊質 (tropes)：只能
被一個事物展現出來
的性質。

為什麼我們可以看出不同事物
有一致的面相？對殊質的唯名論者來
說，理由非常簡單：因為它們有「相
似」（而非相同）的殊質。殊質的唯名論者因此同意我們
在常識的看法：我們之所以將相同的述詞或概念加諸在
一些事物身上，那是因為我們看出它們之間有著一致的
（相似或無法區別的）性質所致。

為什麼我們所提到的那些句子會是真的？理由也很
簡單：在「A 是 F」這樣的句子中，「A」代表某個事物，
而「F」代表一些相似殊質所形成的「集合」。如果事實
上「A」所代表的事物，展現出 F 當中的一個殊質，那麼，
「A 是 F」為真，否則「A 是 F」為假。舉「王文方是男
的」為例，這句話要為真，必須：

(1) 「王文方」代表某個東西，即作者；
(2) 「男的」代表王文方的**雄性特質**、馬英九的**雄性特質**等等這些相似的殊質所形成的集合；而且，
(3) 事實上，作者展現了這些殊質當中的一個——正如
「王文方是男的」中的「是」字所斷說的一樣。

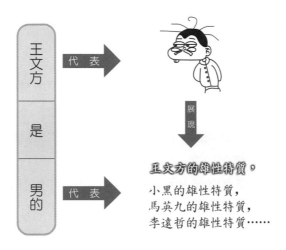

王文方 —代 表→

是

男的 —代 表→

展現

王文方的雄性特質，

小黑的雄性特質，
馬英九的雄性特質，
李遠哲的雄性特質……

　　但如果「A 是 F」中的「A」是一個抽象名詞呢? 殊質的唯名論者會說，這時主詞「A」和敘述詞「F」各自代表一個由相似的殊質所形成的集合，而「A 是 F」所斷說的則是:「每一個 A 集合中的殊質都是一個 F 集合中的殊質」。比方說，「紅是一種顏色」真正的意思是:「每一個紅色的殊質都是一個顏色的殊質」;「白比紅淡」真正的意思是:「任何一個白色的殊質都比任何一個紅色的殊質顏色淡」; 而「王文方比較喜歡藍色而不喜歡紅色」真正的意思是:「王文方喜歡任何一個藍色殊質的程度，勝於他喜歡任何一個紅色殊質的程度」等等。

尾　聲

　　看起來，殊質的唯名論似乎可以解釋所有該解釋的現象，但卻沒有其它唯名論所具有的困難。不過，我們不要太過於樂觀喔！因為哲學史上似乎從來就沒有這麼好康的事情呢！

　　首先，說敘述詞或抽象名詞「代表『相似的』殊質所形成的集合」，是一個太籠統的說法，因為任何兩個殊質都可以說是相似的；比方來說：任何兩個殊質都是抽象的東西，而且都是殊質；因此，至少在這幾方面來說它們是相似的。那麼，我們可不可以說：它們「代表一些『極為相似的』殊質所形成的集合」呢？問題是，像「有顏色的」、「多邊形」這樣的敘述詞，並不代表一群彼此「極為相似」的殊質的集合；相反地，組成它們的殊質，有著各種的顏色和形狀，有些甚至彼此極不相似。因此，一個有說服力的殊質唯名論者，必須要能夠說明：一個敘述詞及抽象名詞到底代表「怎樣相似」的殊質的集合？

　　但不管殊質唯名論者怎麼回答這個問題，他至少得說：在敘述詞或抽象名詞所代表的集合當中，任何兩個殊質必須是「相似的」。那麼，難道我們不應該說：「同

「一個」**相似關係**展現在這些集合中的任何兩個殊質之間
嗎? 難道我們不應該說: 至少**相似關係**是個共相嗎? 或
許, 殊質唯名論者會辯稱說,〈A, B〉間的相似與〈C,
D〉間的相似, 其實並不是「同一個相似」, 而是「兩個
非常相似的特殊相似(關係)」而已; 而「相似的」一詞
所代表的, 就是「所有的特殊相似關係所形成的集合」。
但問題是, 不可能有這樣一個的集合! 因為假設這個集
合中有 N 個特殊的相似關係, 那麼, 要成為這個集合當
中的份子, 任何兩個特殊的相似關係必須彼此相似才行。
但這樣一來, 就會有多於 N 個的特殊相似關係, 而不只
只有 N 個。因此, 假設所有的特殊相似關係有 N 個, 我
們就會得到所有的特殊相似關係不只有 N 個的結果!

　　結論是, 唯名論和唯實論都各有一些待解決的困難!
無怪乎有關共相的爭論持續了整個的西洋哲學史! 聰明
的讀者, 大家一起來想想辦法吧!

3 芝麻開門 ～因果關係～

〈 阿里巴巴 〉

319 槍擊案之後，大家對總統肚皮傷口的「真正原因」，有許多的揣測。無疑地，這種對因果關係的探索，乃是人類文明當中一種極為顯著的活動類型：不僅科學研究的主要目標之一，在於探索日常物理現象背後所隱藏的真正原因，就連歷史的考據、刑事的鑑定、法院的調查、車禍的報告、以及其它的日常實務與推論，也都無一不涉及事件間因果關聯的尋求。既然因果關係的存在，在常識上被認為是如此的普遍而重要，清楚地認識它究竟是一種什麼樣的關係，也就成為哲學家認識這個世界的一個重要任務。

因果的問題

　　有關於因果關係，我們可以探討的問題很多。首先，我們可以問：具有因果關係的東西是些什麼樣的東西呢？有些哲學家認為，具有因果關係的東西一定是像「火柴燃燒」或「工廠爆炸」這樣的事件。所謂事件，指的是事物在一段時間內所經歷的變化。但有的哲學家認為，除了事件以外，像「有空氣存在」這種靜態的事實，或有意志的動物像「人類」這樣的事物本身，也都可以是某些事件的原因或結果。其次，我們可以問：原因一定發生在結果之前嗎？有些哲學家認為，原因顯然一定發

生在結果之前。但有些哲學家認為，有的時候，作為原因的事件可能與結果同時發生，比如當蹺蹺板兩邊互相一上一下來回交互作用的時候。還有一些哲學家認為，原因甚至可能發生在結果之後；比方來說，如果時光旅行是可能的，那麼，未來時光機的發明就有可能改變了過去的歷史，不是嗎？最後，我們還可以問：因果關係本身究竟是一種什麼樣的關係？或者說，當我們說「事件（或事實）c 是事件（或事實）e 的一個原因」的時候，這是什麼意思？由於篇幅的限制，本章只探討最後這個問題。同時，為了討論方便起見，我將假設原因一定發生在結果之前，而作為原因或結果的東西一定是事件或事實。

為什麼我們要說「事件 c 是事件 e 的一個原因」，而不簡單說「事件 c 是事件 e 的原因」呢？這是因為大多數的事件都有不

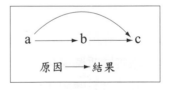

只一個原因的緣故，而事情之所以如此，主要的理由有兩個。首先，因果關係具有「傳遞性」；這意思是說：對任何的事件 a、b 和 c 來說，如果 a 是 b 的一個原因，而 b 是 c 的一個原因，那麼，a 就會是 c 的一個原因。因此，如果 b 是 c 的一個原因，而 b 的發生也有其原因，那麼，c 就會至少有兩個不同的原因。其次，許多事件

傳遞性 transitive

的發生往往必須靠之前的許多事件及事實來共同促成。
比方來講，一根火柴要能夠燃燒，必須要有氧氣的存在，
同時那根火柴也必須在粗糙的平面上摩擦等等。這些之
前存在的每一個個別事件或事實，單單它本身並不足以
造成火柴的燃燒，但卻是火柴能夠燃燒的一個必要條件，
因而在常識上會被我們說是這個結果的「一個」原因。

恆常聯結理論

恆常聯繫

　　回到我們的問題：因果關係究竟是一種什麼樣的關
係？在所有有關因果關係的討論中，最著名的理論，就
數英國哲學家休姆所提出的恆常聯結理論。根據這個理
論，當我們說「事件 c 是事件 e 的一個原因」的時候，
我們的意思其實是：

⑴ 事件 c 發生在事件 e 之前；並且，

⑵ c 屬於 C 類的事件，e 屬於 E 類的事件，而事實上，
　　每一個 C 類事件之後，總是跟著發生一個 E 類的
　　事件。

舉例來說，根據恆常聯結理論，如果我摩擦並點燃一根火柴，然後說「摩擦這根火柴是這根火柴燃燒的一個原因」時，我的意思其實是：

(1) 摩擦這根火柴發生在它燃燒之前；並且，

(2) 摩擦這根火柴屬於「摩擦火柴」這一類的事件，該火柴燃燒則屬於「火柴燃燒」這一類的事件，而事實上，每一個「摩擦火柴」類的事件之後，總是跟著發生一個「火柴燃燒」類的事件。

可是，當這樣表述的時候，恆常聯結理論十分明顯是錯誤的：當事件 c 是事件 e 的一個原因時，事件 c 所屬的 C 類並不總是事實上伴隨著一個 E 類事件的發生。舉前面所說的火柴為例，並不是每一次當我們摩擦火柴的時候，火柴都會接著燃燒；火柴要接著燃燒起來，必須要有足夠的氧氣存在，而且火柴本身也必須是乾燥的等等。為了彌補這個困難，因此，讓我們將恆常聯結理論稍微做一點修正。根據這個修正的理論，當我們說「事件 c 是事件 e 的一個原因」的時候，我們的意思其實是：

(1) 事件 c 發生在事件 e 之前；並且，

(2) c 屬於 C 類的事件，e 屬於 E 類的事件，而事實上，在其它條件與 c、e 實際條件均等的情況下，每一

個 C 類事件之後，總是跟著發生一個 E 類的事件。

舉例來說，當我在有足夠氧氣存在、火柴本身乾燥的情況下，摩擦並點燃一根火柴，然後說「摩擦這根火柴是這根火柴燃燒的一個原因」時，根據這個稍微修正的恆常聯結理論，我的意思其實是：

(1) 摩擦這根火柴發生在它燃燒之前；並且，
(2) 摩擦該火柴屬於「摩擦火柴」這一類的事件，該火柴燃燒則屬於「火柴燃燒」這一類的事件，而事實上，在有足夠氧氣存在、火柴本身乾燥等條件存在的情況下，每一個「摩擦火柴」類事件之後，總是跟著發生一個「火柴燃燒」類的事件。

重點是，恆常聯結理論認為：事件間的因果關係並不是什麼大自然中的神秘力量，也不是任何所謂的必然趨力，它其實只是兩類事件間「事實上總是一前一後地出現」罷了。

休姆（D. Hume, 1711～1776）著名的英國經驗論哲學家，也是近代懷疑論的領導人物。他在認識論上堅持經驗主義，因而認為因果上的必然性只是恆常聯結 (constant conjunction) 與心理慣性而已。主要著作有《人性論》等書。

火星人阿布

恆常聯結理論有一個難以解決的問題；在說明這個問題之前，讓我們先看火星人阿布的故事。

火星人阿布來到地球。他在地球上看到一種很有意思的門：站在門前不必用手推就可以打開，而它的頂上則寫著「7-11」的字樣。阿布很好奇：是什麼力量，使得那種門不用手推就可以被打開來？

他想起火星上的一個故事，那個故事說的是阿里巴巴和四十大盜。故事中也有一扇不用手推就可以打開的門，而開門的口訣是站在它的前面大聲喊：「芝麻開門」。阿布決定試一試。

阿布打扮成地球人的樣子，挑了一個上面寫著「7-11」的門。他走向門前，同時嘴裡大聲喊著：「芝麻開門」。太神奇了，門竟然應聲而開了！為了確定這個口令是有效的，他又連續找了許多這樣的門，做了同樣的事情。結果是：屢試不爽！

幾天後，阿布回到火星，他寫下了這樣的報告：「根據我多次實驗的結果，我確定，我每一次喊出『芝麻開門』是門打開來的一個原因。」

如果你真的這樣想，當然你是對的。問題是：根據休姆的「恆常聯結」理論，阿布的結論並沒有錯誤。為什麼呢？首先，阿布每一次喊出「芝麻開門」這個事件，的確發生在隨後門打開來這個事件之前。其次，阿布每一次喊出「芝麻開門」這件事，屬於「喊出『芝麻開門』」這一類的事件，而每一次的門打開，則屬於「門打開」這一類的事件。最後，在其它條件與阿布喊出「芝麻開門」時均等的情形下，每一個「喊出『芝麻開門』」這一類的事件，事實上總是跟隨著一個「門打開」來的事件。因而根據恆常聯結理論，阿布應該結論說：「他每一次喊出『芝麻開門』這個事件，是隨後門打開來的一個原因。」

　　阿布思想實驗所顯示的問題是這樣的：並不是所有「事實上總是一前一後出現」的兩類事件之間，都可以說有「因果關係」存在；有些類的事件之間之所以事實上有經常性的聯結，純粹只是因為它們「碰巧」前後相隨而已。當兩個類的事件間的確有因果關係存在的時候，描述它們之間恆常聯結的語句通常被稱為自然律則；但如果兩類事件間的「事實上恆常聯結」只是「碰巧」而已，描述它們之間恆常聯結的語句則被稱為偶然推廣。阿布思想實驗所顯示的問題是：恆常聯結理論並不能夠區別真正的「自然律則」與碰巧的「偶然推廣」；或者說，這個理論會將偶然發生的事件聯結，當作是大自然裡的

重要律則。

> ▶ 自然律則 (natural laws)：描述兩類事件間因果規律的語句，如
> 「凡是有重量的兩個物體都會彼此相吸引。」這類語句在自然科
> 學中佔有極為重要的地位。
> ▶ 偶然推廣 (accidental generalizations)：描述兩類事件碰巧恆常聯
> 結出現的語句，如「凡是在我口袋裡的東西都是十元的硬幣。」
> 這類語句在自然科學中並不重要。

虛擬條件句理論

虛擬條件句理論

　　怎樣彌補恆常聯結理論所碰到的第二個問題？答案
似乎不難尋找，我們只要想想看，我們是怎樣評論阿布
的情形就可以了。在考慮阿布的報告時，我們評論說：
「如果阿布能試試看，光站在門前而不喊出芝麻開門，
他就會知道，這樣也可以讓門打開來。不幸的是，阿布
並沒有這樣做。」在這裡，我們訴諸於一個實際上沒有發
生的假設情況，也就是讓阿布站在門前卻沒有喊出芝麻
開門的情況，來決定一個事件是否是另外一個事件的原
因。有鑑於此，一個恰當地、對恆常聯結理論修正的方
式似乎是這樣的：當我們說「事件 c 是事件 e 的一個原

因」的時候，我們的意思其實是：

(1) 事件 c 發生在事件 e 之前；

(2) c 屬於 C 類的事件，e 屬於 E 類的事件，而事實上，在其它條件與 c、e 實際條件均等的情況下，每一個 C 類事件之後，總是跟著發生一個 E 類的事件；

(3)「如果」c 實際上沒發生，e 就不會發生。

一旦我們做出這樣的修正，我們會發覺，阿布就再也不應該說：「他第一次喊出『芝麻開門』這件事，是隨後門打開這個事件的一個原因。」因為，雖然定義中的(1)和(2)都被這兩個事件所滿足，但(3)這個條件則不然：如果他在第一次接近 7-11 時沒有喊出「芝麻開門」，門還是會因為阿布的出現而打開來！

其中(3)這個條件句，在文法上屬於所謂的虛擬條件句或違反事實的條件句。虛擬條件句與一般條件句的差別在於：在虛擬條件句中，「如果」後面所接的句子是說話者和聽話者都共同相信為假、違反事實的句子，說話者只是虛擬它為真；而在一般的條件句中，「如果」後面所接的句子則通常是說話者和聽話者不知其真假的句子。以我們的例子來說，我們明明知道阿布事實上第一次接近 7-11 時有喊出「芝麻開門」這句話，卻仍然說「如果他在第一次接近 7-11 時沒有喊出芝麻開門……」，可

這是個什麼樣的世界？

見我們這時所說的條件句是一個虛擬條件句，而非一般
的條件句。

則……。
如果我是一隻鴨子，
虛擬條件句：

當我們在言談中使用虛擬條件句「如果……，則
……」的時候，我們並不是在談論任何實際上的事件，
而是在談論虛擬狀況下可能發生的事件。比方來說，當
我們說「如果阿布在第一次接近 7-11 時，並沒有喊出芝
麻開門，7-11 的門還是會因為他的出現而打開」的時候，
我們並不是在談論一個實際上發生的事件，而是談論在
一個虛擬的狀況下，也就是阿布接近 7-11 卻沒有喊出
芝麻開門的情況下，會發生的事情。因此，當我們在恆
常聯結理論中加上⑶這個條件以後，這個理論的重心，

也就由強調事實上的恆常聯結，轉移到虛擬狀態下事件間的關係。由於這個緣故，任何訴諸於虛擬條件句來解釋因果關係的理論，儘管仍然可能包括像(1)和(2)這樣的兩個條件，可是就不再被稱作恆常聯結理論，而被稱做虛擬理論。事實上，虛擬理論有許多種，而我們這裡所說的條件(1)至(3)只是其中較為簡單的一種，讓我們稱它為「簡單虛擬理論」。接受簡單虛擬理論，可以讓我們說明火星人阿布所犯的錯誤何在。

> ▶ 虛擬條件句 (subjunctive conditional)：具有「如果……則……」這種形式的句子，並且「如果」之後所接的句子被說話者和聽話者共同相信為假或違反事實。比方來說，「如果王文方是女人，則……」就是一個虛擬條件句。虛擬條件句又稱為「違反事實的條件句」(counterfactual conditional)。
> ▶ 虛擬理論 (subjunctive theory)：訴諸於虛擬條件句來解釋因果關係的理論。有些哲學家認為，第一個提出虛擬理論的人，仍然是休姆。

死兩次的可憐人

雖然簡單虛擬理論可以正確指出火星人阿布所犯的錯誤，但它本身卻有一些困難存在。為了說明這些困難，讓我們再來看看黑社會老大阿通的思想實驗：

黑社會老大阿通被發現陳屍在家中，左邊胸口中了兩槍，兩槍都貫穿心臟。法醫說：「這分明是要置他於死地。任何一槍都足以讓阿通斃命，而兇手竟然開了兩槍。」

　　經過詳細解剖後，法醫修正了說法：「其實刺殺阿通的兇手有兩個。這兩個兇手各打了阿通一槍，而阿通在第一槍後就已經死亡，只是第二個兇手不知道而已。在那麼近的距離、用這麼大口徑的子彈、直接貫穿心臟，沒有一個人可以在這樣的情況下捱一顆子彈還活著，阿通也不例外。嚴格地說起來，第二槍是不必要的。這兩顆子彈的每一顆，都足以要了阿通的命。」

　　直覺上，我們會說：「殺死阿通的，是第一個兇手所發射的子彈」；或者說：「第一顆子彈貫穿阿通的心臟，是造成阿通死亡的一個原因。」問題是，「第一顆子彈貫穿阿通的心臟」與「阿通死亡」這兩個事件，並不滿足簡單虛擬理論中所說的條件(3)；而這是因為，在我們所描述的情形下，就算第一顆子彈沒有貫穿阿通的心臟，阿通仍然會死於第二個兇手的槍下。

　　阿通的例子很容易加以推廣，如果 c 和 c′ 這兩件事都足以導致 e 的發生，而事實上 c 和 c′ 這兩件事一先一後地發生了，那麼，不論這時我們是否會說 c′ 是 e 的一個原因，毫無疑問地我們會說 c 是 e 的一個原因。問題

是，在這樣的情形下，就算 c 沒有發生，e 仍然會因為 c′ 的出現而發生，因而我們會說「如果 c 實際上沒發生，e 就不會發生」是假的。而根據簡單虛擬理論，由於條件(3)並沒有獲得滿足，因此，我們不應該說 c 是 e 的一個原因——但這樣的說法顯然違反我們常識上的直覺。

方生方死

簡單虛擬條件句理論不但會將常識上認為有因果關係的事件，當作是沒有因果關係的事件，它還會反過來將常識上認為是沒有因果關係的事件，當作是有因果關係的事件。為了說明這一點，再一次地，讓我們做一個有關火星人阿布和黑社會老大阿通的思想實驗：

火星人阿布參加了黑社會老大阿通的葬禮，葬禮極其哀榮，所有的達官顯要、社會賢達、黑白兩道，無不出席，著實令阿布大開眼界。

所有觀禮的人都知道阿通是怎麼死的——除了阿布以外。火星人沒有死亡這回事，並且，由於他們的身體是由耐高熱的塑膠所組成，因此槍彈、炸藥或刀械等都不會對火星人造成傷害。

阿布感覺很好奇，為什麼像阿通這樣的人類會死亡，

他決心找出原因。他注意到，阿通曾經於45年前出生，而所有的人類也都會在出生後若干年內死亡（至少現在是真的）。他同時也注意到，如果阿通根本就沒有出生，他也就不會死亡了。

幾天後，阿布回到火星，他寫下了這樣的報告：「根據我們在火星上所教導的簡單虛擬理論，我確定，阿通的出生是造成阿通死亡的原因。」

如果我們讀到阿布的報告，我們當然會說：「阿布明顯是搞錯了。阿通的出生並不是他死亡的原因；兩顆子彈貫穿阿通的心臟，才是阿通死亡的真正原因。如果阿布能夠更小心地檢查所有的事實，特別是有關槍擊的事實，他就會知道他的結論是太草率了。不幸的是，阿布並沒有這樣做；這誤使阿布以為，阿通的出生是阿通死亡的原因。」

如果你這樣想，當然你是對的。問題是：根據簡單虛擬理論，阿布的結論並沒有錯誤。為什麼呢？首先，阿通的出生這件事，的確發生在他死亡之前。其次，阿通的出生這件事，屬於「人類出生」這一類的事件，而阿通的死亡，則屬於「人類死亡」這一類的事件。再者，每一個人類出生的事件，事實上總是在若干年後跟隨著一個人類死亡的事件（至少到目前為止仍然如此）。最後，

如果阿通根本就沒有出生，他也就不會死亡了。因而根據簡單虛擬理論，阿布應該結論說：「阿通的出生是他死亡的一個原因。」

　　阿布思想實驗所顯示的問題是這樣的：就算兩類事件之間不只在事實上有「恆常聯結」，而且在虛擬的狀態下也有「恆常的聯結」，這樣強的聯結方式仍然無法保證它們之間的關係一定是因果關係。顯然，兩個事件要成為真正有因果關聯的事件，除了簡單虛擬理論所提到的三個條件之外，還需要其它的條件配合才能夠成立。有些哲學家樂此不疲地挖掘這些額外的強化條件，不過，我們的討論卻不想朝這個複雜的方向去發展；我們把這個工作留給聰明的讀者。

概然性理論

簡單地削弱

　　前面這兩個理論——恆常聯結理論與虛擬理論——都假定因果關係是兩類事件間的「恆常」聯結關係，只不過前者認為這樣的恆常關聯是實際上的恆常聯結，而後者認為它不只是實際上的恆常聯結，更是虛擬狀態下

的恆常聯結。這樣的理論都有一個缺點：它們無法說明因果關係可能只是一種「概然的」關係；而說因果關係是一種「概然關係」，我們的意思是：原因不見得「必然」或「總得」導致結果的發生，原因可能只是讓結果有較大發生的機會而已。在實際的科學中，我們發現，有許多的因果定律，其實是以概然性定律的方式呈現的：「如果 C 類的事件發生，則 E 類事件發生的機率高於一定的概然率。」

如何可能允許事件之間的因果關係是一種概然的關係？或者說，如何將概然率的想法加到我們對因果關係的分析中來？讓我們稱任何一種訴諸於概然性的因果理論為概然性理論，顯然，簡單將恆常聯結理論或虛擬理論所描述的恆常聯結關係削弱為一種概然的關係，並不能達到我們想要的目的，因為這樣削弱後的理論很明顯會有問題。比方來說，我們不能簡單地將恆常聯結理論削弱成：

⑴ 事件 c 發生在事件 e 之前；並且，
⑵ c 屬於 C 類的事件，e 屬於 E 類的事件，而事實上，在其它條件與 c、e 實際條件均等的情況下，大部分 C 類的事件之後，都跟著發生一個 E 類的事件。

因為，如果兩個事件滿足恆常聯結理論所說的條件，那

麼，它們就會滿足這裡(1)和(2)這兩個條件；而這是因為，如果「所有的」C 類的事件都事實上跟隨著一個 E 類事件的話，那麼，當然「大部分」C 類的事件也就會跟隨著一個 E 類的事件。因此，任何滿足恆常聯結理論的兩個事件，就會滿足這個概然性理論的條件，因而會被認為是具有因果關係的事件。但在火星人阿布的例子裡，我們看到，並不是任何滿足恆常聯結理論（或這個削弱後的概然性理論）的事件，都是具有因果關係的事件。因此，簡單地將恆常聯結理論削弱，顯然不能提供一個好的理論。

同樣地，概然性理論也不能簡單地只是將虛擬理論削弱為：

(1) 事件 c 發生在事件 e 之前；

(2) c 屬於 C 類的事件，e 屬於 E 類的事件，而事實上，在其它條件與 c、e 實際條件均等的情況下，大部分 C 類的事件都跟著一個 E 類事件的發生；

(3) 如果 c 實際上不發生，e 就不會發生。

因為，同樣我們會發現，經過這樣修正後，任何滿足虛擬理論條件的事件，也都會滿足這個概然性理論的條件，因而會被認為是具有因果關係的事件。但在黑社會老大阿通和外星人阿布的例子裡，我們看到，並不是任何滿

這是個什麼樣的世界？

足虛擬理論（或這個削弱後的概然性理論）的事件，都
是具有因果關係的事件。因此，簡單地將虛擬理論削弱，
顯然也不能提供一個好的理論。

概然性理論

讓我們嚐試其它幾種以概然性（率）定義因果關係
的辦法。讓我們說「事件 c 是事件 e 的一個原因」意思
是：

(1) 事件 c 發生在事件 e 之前；並且
(2) c 使得 e 的發生有一定的概然性（率）。

這個定義顯然不妥當，主要的原因是：就算 c 使得
e 發生的概然性（率）變得極低，c 仍然可以說是使 e 的
發生有「一定的」概然性（率）。因此，如果黑社會老大
阿通在被刺殺前，全身上下穿滿了防彈設備，但不幸的
是，雖然概然性（率）很低，但子彈還是射穿防彈設備
殺死了阿通。這個時候，根據這個概然性理論，我們應
該說：「阿通穿上防彈衣，是阿通被子彈射殺的一個原
因」。因為，(1)阿通穿上了防彈衣，發生在他被子彈射殺
之前；並且(2)前一個事件使得後一個事件的發生有「一
定的」概然性（率），也就是「極低的」概然性（率）。

一個明顯的修正方式是說,「事件 c 是事件 e 的一個原因」意思是:

⑴ 事件 c 發生在事件 e 之前; 並且
⑵ c 使得 e 發生的概然性(率)超過 50%。

或者:

⑴ 事件 c 發生在事件 e 之前; 並且
⑵ c 的發生提高了 e 發生的概然性(率)。

這樣的修正似乎可以讓我們避免說:「阿通穿上了防彈衣,是阿通被子彈射殺的一個原因」。因為,雖然阿通穿上了防彈衣這件事,使得阿通被子彈射殺具有一定的(很低的)概然性(率),但前一個事件並沒有提高後一個事件發生的概然性(率),也沒有使它發生的概然性(率)超過 50%。

不幸的是,這樣的修正方式似乎仍然不行;主要的問題在於:我們並不清楚,「c 的發生提高了 e 發生的概然性(率)」,或者「c 使得 e 發生的概然性(率)超過 50%」這句話究竟是什麼意思? 如果它們的意思是:「如果 c 沒有發生,那麼 e 發生的機率會比實際上小(或小於 50%)」,那麼,這樣的概然性理論顯然會有所有虛擬理論所面臨的問題。因為,如果有任何兩個事件 c 和 e,

滿足了虛擬理論的條件，那麼，這兩個事件就會是「如果 c 沒有發生，e 就不會發生」的事件，換句話說，它們會是「如果 c 沒有發生，那麼 e 發生的概然性（率）會是 0」的事件；因而「如果 c 沒有發生，那麼 e 發生的機率就會比實際上小（或小於 50%）」。因此，這樣的兩個事件，一定會滿足上面所說的條件。但在黑社會老大阿通和外星人阿布的例子裡，我們看到，並不是任何滿足虛擬理論的事件，都是具有因果關係的事件。因此，我們可以簡單地推論說，並不是任何滿足上述這兩個條件的事件，也都會是具有因果關係的事件。

結　論

在前面的討論中，我們說明了幾種對因果關係的分析方式——恆常聯結理論、虛擬理論、以及概然性理論——並且說明了它們各自所面對的困難。我們發覺，沒有一個簡單的因果理論可以成功地說明大部分的因果現象。這樣的情形之所以發生，有幾種可能。

首先，可能我們在這裡所提出的理論都太過於簡單。也許因果關係是一種非常複雜的關係，以致於任何一種簡單的理論都沒有成功的希望。持這種想法的哲學家，多半致力於尋找另外一個更複雜的、能夠避免所有困難

的理論。這樣的複雜的理論或許有一天能被找到；而如果它真的被找著，哲學家必須要說明：為什麼一般人可以輕而易舉地，就學會如何運用因果這個複雜的概念？

另外一種可能則是這樣的：也許因果這個概念是一個極為簡單的概念，以致於不能再做出任何進一步的、不循環的分析。持這種想法的哲學家會說，所有的概念分析工作都訴諸於一些更簡單的、已經熟知的概念，因而不是任何的概念都可以再進一步地加以分析。有些概念必定是最簡單的、不能再分析的概念，而因果的概念也許就是屬於這一種。

還有一種可能是這樣的：也許因果這個概念是一個極不清楚、極度模糊、歧義、混亂、沒有一致用法的概念；以致於如果有人想要清楚地去界定它，這樣的努力注定要失敗。也許在一個嚴格的科學中，我們根本就應該避免使用因果這個概念。

當然，還有一種可能是這樣的：因果這個概念有一個簡單的定義，只是碰巧沒有人提出過它罷了。

我們不想評論這幾種可能中的哪一種才是正確的，我們只想指出，就像大多數爭論中的哲學問題一樣，有關因果概念的這幾種可能性總是存在著，因而有關它的爭論也就歷久彌新地持續著。

4 這艘船為什麼還是這艘船

～等同關係～

　　想像一下這樣的情形：一艘船停放在碼頭上，隨著時間的流逝，船身逐漸地老舊了。每當船身有些微老舊的時候，船長阿布便將老舊的部分拆下來放在倉庫中，並將老舊的部分用同樣款式的新材料重新補上。3 年後，那艘船的每一個部分都逐次地更換，而整艘修修補補後的船最後還是完整地停放在碼頭上。讓我們稱原先放置在碼頭上的那艘船為 A 船，而稱 3 年後停放在碼頭上那艘經過修補的船為 B 船。

　　這個時候，船長阿布發覺，停放在倉庫中的材料正好可以組成一艘完整的船。於是，他根據 A 船的原來設計，將倉庫中的材料重新組合回去，並使得每一個部分都恰好放回到它原來的位置上。讓我們稱最後這條重新組合的船為 C 船。

船長阿布做完工、坐下來、抽著煙，他開始想：「B船和 C 船到底哪一艘才是原來的 A 船呢？」剛開始，他覺得 B 船和 C 船都可以說是原來的那艘 A 船。但他很快就發現，它們不可能同時都是 A 船；因為，顯然 B 船和 C 船是不同的船。於是，他開始覺得困惑起來了。

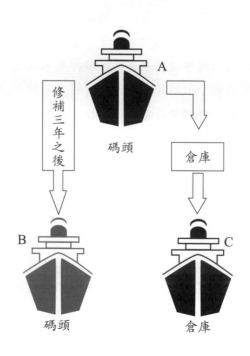

修補三年之後

A

碼頭

倉庫

B

碼頭

C

倉庫

幾種不同的「是」法

船長阿布的問題是：B 船和 C 船到底哪一艘才「是」原來的 A 船？在回答這個問題之前，讓我們先弄清楚這裡所謂的「是」，是什麼意思。

「是」這個字在中文中有幾種不同的用法，其中一種是「屬於……這一類的事物」的意思。比方來說，當我們說「阿布是船長」的時候，我們的意思是「阿布是屬於船長這一類的事物」。「是」的另外一種用法是「等同於」的意思。比方來說，當我們說「孫文是孫中山」的時候，我們的意思是「孫文等同於孫中山」。當「是」作為「屬於……這一類的事物」意思使用的時候，「是」所表達的是一個分子與它歸屬的類之間的關係；而當「是」作為「等同於」來使用時，「是」所表達的則是兩個同類事物之間的等同關係。弄清楚「是」這個字的不同含意，有時候可以幫助我們解除一些疑惑。比方來講，公孫龍子的「白馬不是馬」之說，如果你仔細分析他所提出來的理由，你會發覺，它們最多只支持了「白馬不等同於馬」這個沒人會反對的主張而已；卻不能成功地證明說：「白馬不屬於馬這一類的事物」。

當船長阿布問說：「B 船和 C 船哪一艘才『是』A

船?」的時候，他的問題顯然是：「是 B 船等同於 A 船呢？還是 C 船等同於 A 船呢？」這個問題看起來簡單，但是讀者要小心，對這個問題所能給的答案可能不只兩個。

常識性的答案

路人甲的答案

乍看之下，這個問題的答案似乎很明顯；隨便抓一個路人甲來問一問，十之五六他會說：「B 船不等同於 A 船，而 C 船等同於 A 船。」如果你進一步問他為什麼，他大概會說：「畢竟，除了在設計和地點上一樣以外，B 船和 A 船就再也沒有一點相同的部份了；而 C 船和 A 船不僅在設計上一樣，更由完全相同的部份所組成。」讓我們先仔細看一看這個說法的前半部：「A 船不等於 B 船；因為（除了設計和地點之外）B 船和 A 船並沒有一點相同的部份。」

路人甲給「A 船不等於 B 船」的理由並不能算是好理由！我們知道，事物是會逐漸改變的；而有些事物儘管因為長期逐漸改變，而累積成巨大的改變，但它們卻不會因此就不再等同於原來的自己。比方來講，7 年前

的你可能就因為逐漸的改變，而和現在的你沒有任何一點相同的部分：你們有完全不同的組成細胞、完全不同的想法、完全不同的性情、以及完全不同的處世方式，但你並不會因此就不再等同於 7 年前的自己。同樣的，一棵小樹苗成長成大樹以後，它和原來的小樹苗間也幾乎沒有一點相同的部分，但我們並不會因此就說它們是不同的兩棵樹。所以，就算 B 船和 A 船沒有一點相同的部份，我們似乎也不能因此便說它們是不同的兩艘船吧！

路人甲的回嘴

但路人甲可能會回嘴說:「你的說法其實混淆了生物與無生物間的區別。當生物發生變化的時候，不論那個變化是微小還是巨大，生物本身會有一些『潛在的不變機制』——如靈魂或基因之類的東西——來確保他們仍然等同於它們自己。但像船這樣的無生物，則缺乏這樣的潛在不變機制。」

或許吧！或許生物與無生物間真的有這樣的區別存在（雖然有些人可能並不相信這一點），但這最多只顯示出：我們應該更小心地選用例子。好吧！我們知道，無生物也是會逐漸改變的；而有些無生物儘管因為長期的逐漸改變，而累積成巨大的改變，但它們卻不會因此就

不再等同於它們原來的自己。比方來講，一所大學可能因為逐漸的改變，而與它在百年前的景象沒有一點相同的地方：它們有完全不同的磚瓦、完全不同的師生、完全不同的校區規劃、甚至完全不同的辦校理念與學校地點等等，但它並不會因此就不再等同於百年前的那所大學。同樣的，一條河流經過千萬年的變遷以後，可能與原來的河流間沒有一點相同的部分：不同的水流、不同的寬度、不同的流向、甚至連源頭的位置也不再相同，但我們卻不會因此說它不再是原來的那條河。所以，就算 B 船和 A 船沒有一點相同的部份，我們似乎也不能單單據此就說它們是不同的兩艘船吧！

路人甲的困難

但路人甲答案的真正難處其實在這裡：通常當事物發生微小改變的時候，我們並不會因此就說它們停止存在了。既然一個事物不會因為微小的改變而停止存在，那麼，當它因為長期逐漸改變而累積成為巨大的改變時，我們也不應該因此就說它就不再等同於原來的自己。這裡的說法可能有點抽象，讓我來仔細說明一下。

比方來講，如果我將我的電腦換了一顆螺絲，我不會說我原來的電腦因此就不存在了。同樣的，如果我將

我的舊車換上一個新電瓶，我也不會說我原來的車子因此就不存在了。故事中的 A 船似乎也是這樣，當它更換了第一塊板子的時候，我們不會說 A 船因此就不存在了。如果 A 船不會因為更換了一塊板子而不存在，那麼，A 船和換了一塊板子以後的船（讓我們稱它為 A_1 船）仍然會是同一艘船。

現在，讓我們專心看 A 船的例子。我們剛剛說，A 船和換了一塊板子以後的船 A_1 仍然是同一艘船；換句話說，$A = A_1$。基於同樣的理由，當 A_1 換了另一塊板子以後，我們也應該說，A_1 和換了另一塊板子以後的船（A_2）仍然是同一艘船；換句話說，$A_1 = A_2$。但如果 $A = A_1$，而 $A_1 = A_2$，當然我們應該結論說 $A = A_2$。同樣的推論，我們還應該說，不論 A_2 再繼續做了什麼樣的小修補，修補以後的船（A_3）仍然會和 A 船是同一艘船（$A = A_2$ 而 $A_2 = A_3$；所以 $A = A_3$）。而不論 A_3 再繼續做了什麼樣的小修補，修補以後的船（A_4）也仍然會和 A 船是同一艘船（$A = A_3$ 而 $A_3 = A_4$；所以 $A = A_4$）。……因此，就算經過三年的修補，A 船變成了 B 船，即使 A 船和 B 船之間沒有任何一個組成部分是相同的，我們仍然應該說：「A 船等同於 B 船」，不是嗎？

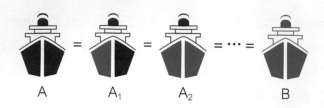

A　　　A₁　　　A₂　　　B

船長阿布的困惑

　　看起來，我們似乎有好的理由說：A 船等同於 B 船。
但正如路人甲所說的，我們似乎也有好的理由說：A 船
等同於 C 船。好事的路人乙可能這時候會說：既然如此，
就讓我們說：A 船等同於 B 船，而且也等同於 C 船吧！
問題是：A 船怎麼可能既等於 B 船又等於 C 船呢？這正
是船長阿布原先的困惑啊！

　　為什麼 A 船不可能既等於 B 船又等於 C 船呢？問
題在於 B 船和 C 船明顯地是兩艘不同的船。B 船是 A 船
在碼頭上修補了 3 年以後的結果，而 C 船則是用 A 船拆
卸下來的部分在倉庫中重新組合的結果。B 船和 C 船各
自存放在兩個不同的位置上，並且各自由不同的部分所
組成；所以，它們明顯地不是同一艘船。但如果 A 船等
於 B 船又等於 C 船，那麼，根據**等於**這個關係的特性，
我們得說 B 船和 C 船是同一艘船——可是這樣的說法，

顯然違反我們剛剛才說的「B 船不等於 C 船」的常識。

會分身的殊相?

　　但會不會是我們的「常識」出了錯? 會不會 B 船和 C 船其實是同一艘船? 我們的常識告訴我們說,同一個個體「不可能」同時出現在兩個不同的位置上,並且由全然不同的部分所組成; B 船和 C 船因此不可能是同一艘船。但或許「同一個個體同時位於兩個不同的位置、而且由全然不同部分所組成」這件事,並不是不可能的。想想看時光旅行的例子: 如果你可以利用時光機回到 7 年前的過去,你和 7 年前的你仍然會是同一個人,但你們卻同時出現在兩個不同的位置上,並且由全然不同的部分所組成,不是嗎?

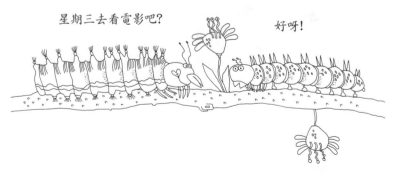

星期三去看電影吧?　好呀!

〈　毛毛蟲的約會　〉

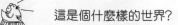這是個什麼樣的世界?

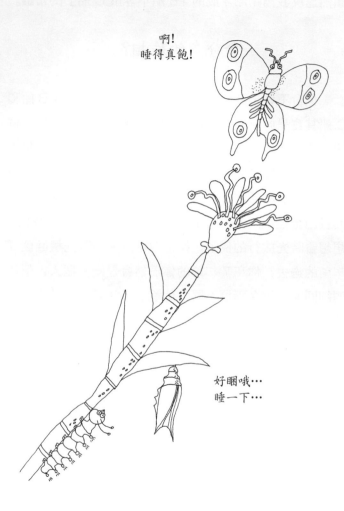

啊!
睡得真飽!

好睏哦…
睡一下…

84

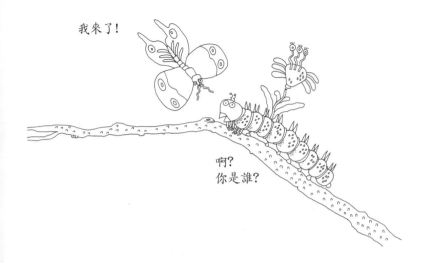

我來了!

啊?
你是誰?

　　不過，時光機的例子恐怕不能算是好例子。畢竟，
像時光旅行或是卡通中所描述的誇張情節，雖然容易想
像，卻未必是邏輯上可能的。但就算時光旅行在邏輯上
是可能的，這樣的情節和 B 船與 C 船的例子也不太一
樣。B 船與 C 船都是由之前世界中已經有的事物所組成
的；所以，當 B 船與 C 船開始存在的時候，那時的世界
並沒有比只有 A 船存在時（也就是 3 年前）的世界多出
任何東西出來。但時光旅行的例子則不同。如果你真的
可以利用時光機回到 7 年前的過去，那麼，7 年前的世
界中就會平白無故地多出一堆原子出來! 所以，「同一個

個體同時位於兩個不同的位置、而且由全然不同部分所組成」要成為可能,一個必要的條件似乎是:我們必須允許這世界可以平白無故地多出一堆東西來;而這個條件在 B 船與 C 船的例子中是不成立的。

模糊的等同

模糊的等同

所以,我們的常識,也就是 B 船不等於 C 船的看法,似乎絲毫沒有受到時光旅行例子的鬆動。因此,船長阿布的困惑依舊:B 船和 C 船似乎都有良好的理由說是 A 船,但如果 B 船和 C 船事實上不是同一艘船,A 船如何可能既等於 B 船又等於 C 船呢?

但也許這不是不可能的!也許我們之所以認為「A 船等於 B 船也等於 C 船,但 B 船卻不等於 C 船」是不可能的,那是因為我們對「等於」這個關係有種錯誤的看法所導致的。我們一直認為等同關係是一種「確定的」關係,所以認為:如果 A 等同於 B 而且 A 等同於 C,那麼,B 就會等同於 C。但也許等同的關係其實是一種「模糊的」關係,並且因為它是一種「模糊」關係的緣故,

所以，即使 A 船等於 B 船也等於 C 船，但 B 船仍然有可能不等於 C 船。這樣一來，我們的迷團也就解開了。

為了要仔細評估這個把等同當成是模糊關係的想法，讓我們先弄清楚一下：什麼是「確定的」關係？又什麼是「模糊的」關係？為什麼把等同關係看成是模糊的關係以後，就可以協助我們解決船長阿布的問題？

程度或一刀兩段？

「確定的」關係明確地把事物分為兩群：具有這種關係的事物，和不具有這種關係的事物；中間沒有任何灰色的地帶。當然，有的時候我們對事物的知識並不充足，因而無法正確判斷兩個事物之間是否具有某個關係，但這並不表示說這個關係不是「確定的」關係。我們無法每一次都做出正確判斷這件事，通常只顯示我們知識的有限性而已。而如果一個關係是「確定的」，那麼，全知的上帝（如果有的話）將可以明白地告訴我們說：任意的兩個東西之間是具有呢、還是不具有這樣的關係。舉例來說，「……和……一樣高」、「……和……是親生父子」、「等同於」通常就被認為是確定的關係。在所有的確定關係中，有些關係具有我們前面所提到的特性：「如果 A、B 具有這個關係，而且 A、C 也具有這個關係；那

麼，B、C 就會具有這個關係」。有些則否。比方來講，「……和……一樣高」就具有這樣的特性：如果 A 和 B 一樣高，而且 A 和 C 也一樣高，那麼，B 和 C 就一樣高。但「……和……是親生父子」則不具有這樣的特性：就算 A 和 B 是親生父子，A 和 C 也是親生父子，但 B 和 C 未必見得就是親生父子。（事實上，B 和 C 會是兄弟。）

　　相對地來說，「模糊的」關係則不將事物明確地區分為具有這個關係、和不具有這個關係的兩群。模糊的關係是一種程度性的關係，事物之間是否具有這樣的關係，是一個程度的問題。有些事物之間百分之百具有這樣的關係，有些事物之間百分之百不具有這樣的關係，而有些事物之間則只是具有這種關係到一定程度而已。舉例來說，「……愛……」、「……和……距離遙遠」、「……長得有點像……」就被認為是模糊的關係。所有的模糊關係都不具有這個特性：「如果 A、B 具有這個關係，而且 A、C 也具有這個關係；那麼，B、C 就會具有這個關係」。比方來說，即使柯林頓愛希拉蕊，而且柯林頓也愛路文斯基，可是呢，希拉蕊可能不愛路文斯基（事實上，希拉蕊大概恨死路文斯基了）。同樣地，即使我長得有點像劉德華，也長得有點像澎恰恰，劉德華仍然可能長得一點都不像澎恰恰。

　　等同關係通常被認為是確定的關係，而且具有這個

特性:「如果 A 等於 B 也等於 C,那麼 B 等於 C」。但如果等同關係其實是個「模糊的」關係,那麼,船長阿布認為不可能的事:「A 船等同於 B 船也等於 C 船,但 B 船卻不等同於 C 船」,也就不再是不可能的了。

再也不模糊地等同了!

把等同關係看作是一種模糊的關係,這就等於主張說:有些事物之間是百分之百的等同,有些事物之間是百分之百的不等同,而有些事物之間則只是等同到一定的程度而已。問題是,這樣的看法說得通嗎?

這個看法有幾個根本的問題。首先,在日常生活、或者在像數學這樣嚴謹的學術活動中,我們都找不到把等同當成是模糊關係的例子。不像「……愛……」或「……和……有點像」這樣的關係,我們可以很自然地說「A 有點愛 B、A 很愛 B、A 極度愛 B」、「A 長得有點像 B、A 長得很像 B、A 長得極度像 B」;但對於「等同」這樣的關係,我們根本找不到一個我們可以正常說「A 有點等於 B、A 很等於 B、或者 A 極度等於 B」的例子。其次,在邏輯上,我們可以嚴格地證明說(這個證明需要一些邏輯背景,所以我們在此省略它):如果一個人接受等同律(每一個東西都等同於它自己),並且接受萊布尼茲定

律（等同的東西一定會有完全相同的性質），那麼，他便應該接受「如果 A 等於 B 也等於 C，那麼 B 就等於 C」這樣的結論。因此，除非我們有好的理由去反對「等同律」或者「萊布尼茲定律」，否則，我們就不應該說等同關係是一種「模糊的」關係。

幾種可能的解答

所以，我們最好還是老實地說：如果 A 船等於 B 船也等於 C 船，那麼 B 船就會等於 C 船。並且，B 船不等於 C 船。問題是，我們似乎也有足夠的理由說：A 船等同於 B 船，而且 A 船也等同於 C 船。但如果我們把這些想法通通擺在一塊，我們就會發覺，這裡面是有矛盾的。看來，繞了一大圈，我們終究還是沒能解開船長阿布的困惑。

會不會船長阿布的困惑根本就是「無解」？當然哲學家不會這樣認為！否則的話，他們也就不必那麼辛苦地去思索這個問題了。但如何解開船長阿布的困惑呢？以下我們提出三種當代哲學家提出的主張，讀者可以自己去判斷，哪一種才是比較有道理的。

最鐵齒的答案

第一種答案，也是最鐵齒的答案，就是堅持說：不論 A 船是不是實際上等同於 C 船，至少 A 船和 B 船是絕對不同的兩艘船。

但我們之前不是已經論證過「A 船等同於 B 船」嗎？因此，讓我們再看一次那個論證吧：「通常當事物發生微小的改變時，我們並不會因此就說它們停止存在了。但如果一個事物不會因為微小的改變而停止存在，那麼，當它因為長期逐漸的改變，而累積成為巨大的改變時，我們也不應該說它因此就不再等同於它原來的自己。」不過，也許當事物發生微小的改變時，雖然我們不「會」因此就說它們停止存在了，但我們「應該」這樣說！也許我們之所以不這樣說，正是出自於我們常識上的盲點。也許當事物發生微小的改變時，它們的確就停止存在了！因而我們「應該」說：當事物發生變化時，舊的事物就「消失」了，而新的事物則「出現」了。

因此，當 A 船更換了第一塊板子變成 A_1 的時候，A 船就消失了，而另一艘不同的船 A_1 則出現了。同樣的，當 A_1 船更換了另一塊板子變成 A_2 的時候，A_1 船也就消失了，而另一艘不同的船 A_2 則出現了。我們可以繼續這

樣不停地說下去，而在這樣的說法下，A、A₁、……、B 這些船都是輪番消失與出現的船，並且在它們之間沒有任何兩艘是等同的。

這樣的答案在邏輯上並沒有什麼自相矛盾的地方。不過，在邏輯上不矛盾的答案，未必見得就是好答案。如果我們堅持這個答案，那麼，日常生活中的許多看法也得跟著作改變。比方來說，當我們換了一顆襯衫的鈕扣時，我們得說我們換了一件襯衫，而不是換了一顆鈕扣。同樣地，當我們換了一個電腦的螺絲時，我們也只能說，我們換了一臺電腦，而不是換了一個螺絲。這些的改變看起來或許不成大問題，最多只是更換一種說法而已。但嚴重的地方在於：一個殺人犯可以從此振振有詞地對警方說，他們所找到的兇刀並不是（等同於）他所使用的武器，因為前者的一部分鏽蝕了而後者沒有；讀者可以自行想像其它更嚴重的後果，而這樣的後果，可能會讓我們非常猶豫去接受這個答案。

拆了再重新組合

第二種答案始自於下面這個想法：也許我們一直忽略一種可能；我們一直認為，路人甲答案的後半部是理所當然的。那個部分告訴我們說：「A 船等於 C 船；因為，

這兩艘船不僅在設計上一樣，更由完全相同的部份所組成。」但也許這個答案並不是那麼理所當然；也許 A 船實際上並不等同於 C 船，儘管它們有完全相同的形式和組成部分。而如果 A 船並不等於 C 船，那麼，我們的困惑也就解除了。

但我們有什麼好的理由可以說「A 船不等於 C 船」呢？畢竟，C 船只是 A 船拆卸了再重新安裝的結果，不是嗎？如果你把一輛腳踏車、或一隻手錶、或一臺電腦、或一艘船拆卸了，再依照原來的設計，將每一個部分安裝回它原來的位置，你不會說這樣重新組合的結果，是與原來的東西不一樣的事物。當然，如果我們拆卸的是一個人、一隻狗、或一棵樹，這樣拆卸再組合的結果，只會得到一具屍體或一塊木頭，而不會得到原來的人、狗、或樹。但我們現在談的，是像船這種沒有生命的東西，而不是像人、狗、或樹這些有生命的生物；所以，有關於生物的例子，並不能拿來作為 A 船不等於 C 船的理由。

但也許就算對無生物來說，下面這個原則也是應該被接受的：當一個部分離開了它原屬的事物，而且被其它東西「取代」了以後，那個離開的部分就再也不屬於原來的事物了。這就好像一個離職的員工被別人取代了以後，就再也不屬於原來的公司，是類似的道理。所以，

A 船中老舊的部分,一旦被拆卸下來,並且被新零件所取代,那些被拆卸下來放在倉庫中的部分,就再也不是 A 船的部分了。而既然它們不是 A 船的部分,即使把它們再重新組合起來,也不會組合成原來的 A 船。所以,嚴格地說起來,倉庫中重新組合的 C 船,和 A 船並沒有相同的組成部分;所以,主張第二種答案的人會說,我們其實沒有很好的理由去說:「C 船就是(等同於)A 船」。

第二個提案的困難

這一個答案看起來言之成理。但我們還是要小心,因為它似乎還是有以下這幾個問題。

首先,它背後所假設的原則:「當一個部分離開了它原屬的事物,而且被其它東西取代了以後,那個離開的部分就再也不屬於原來的事物。」似乎過份嚴格了些。想想看,如果某天你的寶貝大理石象棋失蹤了一匹「馬」,為了繼續使用起見,你勉強找了一個汽水瓶蓋來代替它。3 年後,你從沙發底下找出了那匹失蹤多時的「馬」,這時候你會說:「這匹大理石的馬已經不再是原來那副棋的一部分」嗎? 大概你不會! 同樣的,如果你的朋友向你借電腦的液晶螢幕使用,為了友誼你勉強出借,但為了維持電腦的正常功能,你從儲藏室中搬出了舊螢幕來替

代它。沒想到你的朋友一借竟然借了3年，等他歸還液晶螢幕時，你會說：「這個液晶螢幕已經不再是原來那臺電腦的一部分」嗎？大概你也不會！這些例子顯示出，至少有些時候，即使一個部分離開了它原屬的事物，而且被其它的東西所「取代」，那個部分仍然是原來事物的一部分。

　　其次，有些論證似乎顯示出，不論A船與B船間的關係如何，A船無論如何應該等同於C船。比方來講，下面這個論證看起來就相當具有說服力：「讓我們假設B船從來就沒有存在過，假設船長阿布只是把A船拆卸了又再重新組合成C船，那麼，在這樣的假設下，C船毫無疑問地會等同於A船。但如果C船在B船不存在的情形下等同於A船，那麼，C船在B船存在的情形下也應該等同於A船才對。畢竟，一個東西是否等同於另一個東西這件事，與其它的東西是否存在是沒有關係的。比方來講，孫文是否等同於孫中山，就與蔣中正、宋美齡、馬英九等是否存在沒有絲毫的關係；同樣地，C船是否等同於A船這件事，也與B船是否存在沒有關係。所以，如果C船在B船不存在的情形下等同於A船，那麼，C船在B船存在的情形下也應該等同於A船才對！」因此，如果一個人真的想要提倡第二種答案的話，他必須要能夠說明，這個論證的錯誤之處（如果有的話）到

底在哪裡，而這似乎不是一件容易的事情。

四度空間的事物

　　最後一種可能的答案是這樣的：A 船是 B 船，A 船也是 C 船，但 B 船不是 C 船。不過，讀者一定會高度懷疑地想：這如何可能？我們之前不是早就已經說過：「如果 A 船等於 B 船而且也等於 C 船，那麼，B 船就會等於 C 船」嗎？

　　要想知道這個答案為何可能，我們得先知道它背後所預設的、看待事物的方式；而基本上，這個答案的重點就在於建議我們改變對事物的看法。我們平常看待事物的方式，是把事物看成具有長、寬、高三個向度的東西。在這樣的看法下，如果一個事物由數個部份所組成，那麼，它的每一個部分也都是一個具有長、寬、高三個向度的東西。比方來說，我們平常所謂的屋子、電腦或船等等，就都是具有長、寬、高三個向度的東西，而它們的每一個部分——磚瓦、晶片、木板等等——也都是具有三個向度的事物。但現在這個答案建議我們將事物看成具有長、寬、高以及「時間」這四個向度的東西；在這樣的看法下，我們仍然可以將許多事物看作是由不同的部份所組成，只是它們的每一個部分都是另一個具

有四個向度的東西而已。比方來說，我們可以將一棟三
年新的房子看成是由前年的房子、去年的房子、以及今
年的房子這幾個部分所組成的東西，而每一個的部分則
可以進一步看作是由更小的四向度的部分——去年九
月、今年三月的房子——所組成。

　　一旦我們把事物看成是具有四個向度的事物，那麼，
當我們說「去年的房子是今年的房子」，或者當我們說「去
年的房子和今年的房子是同一棟房子」的時候，我們並
不是在說「去年的房子」這個四向度的事物和「今年的
房子」這個四向度的事物是「等同的」。「去年的房子」
這個東西與「今年的房子」這個東西在時間向度上截然
不同，因此它們不會彼此等同。我們說的毋寧是：「去年
的房子」和「今年的房子」這兩個四向度的事物，是同
一個更大的四向度事物的兩個不同部分。

　　回到船長阿布的問題上來。主張這個答案的人也許
會這樣說：「既然說 A 船不是 B 船，或者說 A 船不是 C
船都不可信，那麼，就讓我們說 A 船既是 B 船也是 C 船
吧。說 A 船是 B 船，只是說 A 船和 B 船是『某個』更大
的四向度事物的兩個不同部分；而說 A 船是 C 船，則是
說 A 船和 C 船是『某個』更大的四向度事物的兩個不同
部分。由於 A 可能同時屬於兩個不同的、更大的四向度
事物（這就好像一個人可能同時屬於許多不同的俱樂部

一樣），因此『A 船既是 B 船也是 C 船』，並不蘊含『B 船是 C 船』；而這也就是說，前者並不蘊含『B 船和 C 船是同一個更大的四向度事物的兩個不同部分』。」

要想仔細評估最後這個答案，並不是一件容易的事。現在讀者應該有些驚訝，就連「等同」這麼簡單的概念，都會有這麼複雜的形上學討論，更不用講其它的問題了！

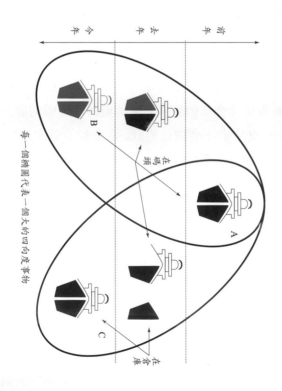

5　只要我喜歡就可以嗎？

～自由意志～

勇士們，殺呀……

〈　自由的車輪　〉

某個悲觀的哲學家曾經提出過這樣的一個兩難論證：「人，或者得結婚，或者不必結婚。如果他結了婚，終其一生，他得忍受一個喋喋不休的女人，因而不會有幸福可言。可是，如果他不結婚，終其一生，他得忍受一個人孤單地過生活，因而同樣不會有幸福可言。所以，人無論如何都不會有幸福可言。」

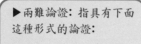

▶兩難論證：指具有下面這種形式的論證：

$$P \qquad \text{非} P$$
$$\downarrow \qquad \downarrow$$
$$Q \qquad Q$$

所以：
Q無論如何都為真

你可能不會完全同意這位哲學家推論中的每個部分，但至少你得同意一個邏輯上的規律：如果我們能夠從互相矛盾的兩件事（比如，一個人結婚和他不結婚），推論出相同的結果來（比如，人類沒有幸福可言），那麼，這個結果就會是無論如何都為真的事實。這個邏輯的規律，一般就叫做兩難論證。在這一章中，我們將利用這個兩難論證，來說明一個有關自由意志的弔詭。

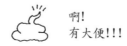

啊！
有大便！！！

你可以自由選擇

　　據說，上帝在創造人類的時候，同時將自由意志賦予了人類。不過，由於有了自由意志，人類反倒可以選擇要遵守或違犯上帝的命令。依照《聖經·創世記》的說法，人類第一次使用自由意志去違犯上帝，是在夏娃受了魔鬼撒旦誘惑的時候。那個時候，撒旦化身成蛇，引誘夏娃去採食上帝禁止人類食用的「知識善惡樹」果子(但願這不是指哲學的果實)。於是夏娃有了兩個選擇，她可以繼續遵守上帝的戒命，或是接受魔鬼的誘惑。這兩個選擇對她來說都是開放的。不幸的是，夏娃選擇了後者！作為背叛上帝的懲罰，《聖經》上說，從此之後，女人必須承受懷孕生子的痛苦，而男人則須辛勤耕作，

小二，來一壺上等的好油！

好累喔……

從土地中求得溫飽。

　　不管你是否相信《聖經》所說有關夏娃的事，至少你會同意：在人生許多的時刻和事件上，你和夏娃一樣，是有自由選擇的能力。當然，你並不是「總是有」自由選擇做什麼的能力。比方來說，你無法選擇中年以後身體不老化，或 40 歲以後不長白頭髮（至少作者不能）。同樣地，你也不能選擇喝完一打啤酒後半天膀胱不發漲，或者吃下食物以後腸胃不蠕動。但除去這些無法控制的生物機能和自然代謝以外，我們在大部分的事件上，還是有自由選擇行為的能力。如果你打算到不遠的地方去探望朋友，你可以選擇開車、坐公車、叫計程車、騎摩托車、騎腳踏車或步行前往。如果你的運氣不好，車子開到一半拋了錨，你還是可以選擇步行前進，或者待在原地等著搭便車。同樣地，如果你打算到高樓樓頂看風景，你可以選擇乘坐電梯或者爬樓梯。而如果你的運氣

休息，是為了走更長遠的路……

不好，電梯坐到一半停了電，你還是可以選擇大叫救命，或者靜靜地等著別人發現。

　　當一個人在他一生當中至少一個時刻，有數個行為選項開放給他供他選擇時，我們便說他有「自由意志」。而如果他在一生當中的每一個時刻，都只有一個選項可供選擇，我們便說他缺乏自由意志。顯然，我們有自由意志；或者，至少我們相信我們有自由意志。我們有自由意志的這個想法，不僅反映在我們對日常行為的看法上，同時也反映在我們對行為作褒貶和依法律訂賞罰這兩件事之上。在社會生活中，我們讚美道德的行為、譴責邪惡的行徑；我們獎勵符合法律規範的做法，懲罰破壞社會秩序的行動。這些讚美、譴責、獎勵和處罰，都預設了同樣的一件事：在道德和法律的關鍵時刻，我們總是有自由可以在幾個開放的選項中作選擇。如果我們的選擇正確，我們應該得到讚美和獎勵；而如果我們的選擇錯誤，我們也應該受到譴責和處罰。如果我們的一生一世，對我們的行為都毫無選擇，那麼，處罰一個偷竊的人，就會像是在處罰一個人 40 歲以後長出白頭髮，而獎勵一個英勇的人，也就會像是在獎勵一個男人成熟後長出鬍子一樣沒什麼道理。

（這個車輪，真的可以做這麼多事情嗎？
它有自由意志嗎？請見下頁。）

一個被決定好了的世界

一個被決定好了的世界

　　所以，表面上看起來，我們有自由意志這件事，似乎是無庸置疑的。問題是：這個表面上看起來沒有問題的常識，似乎和兩種我們對這個世界的其他看法都衝突。是什麼樣的看法與我們對「自由意志」的信念相衝突呢？主要是下面這兩種分別叫做決定論與非決定論的看法。我們先看看前者。

　　許多人相信，每件事之所以發生，都是由一定的原因所造成的；他們相信，一件事之所以「如此」，那是因

為它的原因是「那樣」使然。為什麼今天上午太陽會從東邊地平面升起？那是因為地球在日出的前一刻仍然維持它自轉的速度與方向，而陽光在前一時刻也仍然維持它前進的速度和方向使然。為什麼我們剛剛拋出的粉筆會落在地板上？那是因為在我們拋出粉筆的時候，地心引力仍然維持它慣有的作用方式，粉筆與地球的質量也沒有什麼改變，而力學與重力加速度的物理規律仍然維持不變等等所使然。對許多人來說，我們世界的現狀之所以是「這樣」，總是可以追溯到前一時刻世界的狀態與物理規律來加以解釋（儘管我們不見得總是能夠知道這些狀態與規律）。對他們來說，由於前一時刻的世界是「這樣」，而物理規律又是「那樣」，所以這一時刻的世界就「不得不是如此」。

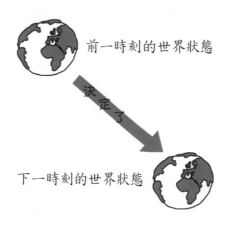

前一時刻的世界狀態

決定了

下一時刻的世界狀態

這是個什麼樣的世界?

　　像這種認為世界的現狀是由前一時刻世界的狀態與
規律所決定的看法,一般稱之為「決定論」。根據決定論,
在任何一個時刻,世界的現狀以及它的物理規律,都「獨
一無二地」決定了世界在下一時刻的狀態。換句話說,
如果我們對現在世界的樣子以及它的物理規律具有詳盡
的知識,我們就會知道它「只會有一種可能的後續發展」。
有些人認為,決定論是自然科學背後所預設的理論;他
們相信,當自然科學發展到極致時,我們將可以準確地
預測出每一片葉子飄落的位置,以及每一顆骰子翻出的
點數等等,而這是因為風的方向與大小、葉子的形狀與
重量、骰子的重量與組成、拋出骰子的力量、以及世界
的物理規律等等,會「獨一無二地」決定了葉子飄落的
位置以及骰子翻出的點數。雖然自然科學是否預設了決
定論這一點,在科學上是有爭議的,但為了以下的討論
起見,我們不妨先假裝同意這一點。

衝突的看法

　　值得說明的是,當我們說:「決定論者認為,如果我
們對現在世界的樣子以及它的物理規律具有詳盡的知
識,我們就會知道它只會有一種可能的後續發展」時,
我們所說的「可能」指的是物理上的可能,而不是第 7

章將會說到的形上學上的可能。因此,決定論者實際上說的是:如果我們對現在世界的樣子以及它的物理規律具有詳盡的知識,我們就會知道,在眾多有關現在這個世界的形上學可能性當中,只有一個才是真正不會牴觸這些現狀與物理規律的可能後續發展。

有關「物理上的可能」與「形上學上的可能」這兩者的區別是這樣的:任何在概念上不矛盾的事,都是形上學上可能的,而只有與物理法則不相牴觸的事,才是物理上可能的。因此,「人跑得比光快」在形上學上是可能的,但在物理上卻不可能。同樣地,「水在攝氏200度沸騰」也是形上學上可能的,但在物理上卻不可能。所有在物理上可能的事,都是在形上學上可能的;但並不是所有在形上學上可能的事,也都是在物理上可能的。更多的例子見第7章。

現在我們應該很容易看出來,為什麼自由意志與決定論會是彼此衝突的看法。假如決定論是真的,那麼,所有的事件,包括我們的每一個行動,都會是由這個世界前一時刻的狀態與物理規律所決定的,而這似乎意味著,在任何的時刻,我們都沒有選擇行動的自由可言。或者,換一個說法,假如決定論是真的,那麼,如果我們對世界前一時刻的狀態與物理規律具有詳盡的知識,我們就會知道,除了實際上我們作出的行動以外,並沒

決定論
↓
人類沒有
自由意志

有任何其它的行動會對我們來說是「物理上可能的後續發展」。既然沒有任何其它行動會對我們來說是物理上可能的後續發展，當然也就沒有任何其它的行動會是開放給我們的選項。而我們說過，如果一個人在一生的每一個時刻，都只有一個選項可供選擇，他就缺乏自由意志。

這樣看起來，決定論似乎會導致「人類沒有自由意志」的結論，因而，牴觸了我們認為有自由意志的看法。稍後我們將會看到，決定論的反面，也就是非決定論，似乎也會導致「人類沒有自由意志」的結論，因而，同樣牴觸了我們認為有自由意志的看法。而如果「決定論」與「非決定論」都會導致「人類沒有自由意志」的結論，那麼，根據我們開始時提到的兩難論證，我們就只能結論說：人類的確沒有自由意志！但如此一來，我們始終堅信有自由意志的這個看法，也就成了件弔詭的事了。

並不是所有的哲學家都相信：決定論與「人類有自由意志」的看法是互相牴觸的。在哲學史上，相信自由意志與決定論互相牴觸的人，我們稱為不相容論者。而相信自由意志與決

▶ 相容論 (compatiblist)：認為決定論與自由意志不相牴觸的看法，又稱為軟性決定論 (soft determinist)。
▶ 不相容論 (incompatiblist)：認為決定論與自由意志互相牴觸的看法。

定論並不互相牴觸的人，我們則稱為相容論者或軟性決定論者，他們既相信這世界是「凡事都被注定好了」的世界，但同時也相信我們有自由意志。問題是：這兩個想法如何可能相容？

軟性的決定論

軟性的決定論

軟性的決定論者大概會這樣說：

> 首先，前述有關「自由意志」與「決定論」互相牴觸的推論是不正確的，而它的不正確之處就在於「既然沒有任何其它行動會對我們來說是物理上可能的後續發展，當然也就沒有任何其它的行動會是開放給我們選擇的行動」這一小段推論上。
>
> 如果所謂「開放給我們選擇的行動」指的就是物理上可能的後續發展行動，這個推論當然不

會有任何的問題。但它的代價是把「自由意志」與「決定論」幾乎當作是反義詞來看。在這樣的理解下,「決定論」指的是:無論何時,我們的行動都只有一個物理上可能的後續發展;而「自由意志」則指的是:有些時候,我們的行動不只只有一個物理上可能的後續發展。在這樣的理解下,自由意志與決定論「明顯」互相矛盾。但自由意志與決定論當然不是「明顯」互相矛盾的主張,否則我們也就不需要哲學論證來「證明」它們之間的不相容性。

結論是,對「自由意志」這一個概念,我們應該有更恰當的理解方式;而在這個恰當的理解下,我們或許會發現,「自由意志」與「決定論」這兩個主張,其實並不是互相牴觸的主張。

但怎樣的理解才算是對「自由意志」的恰當理解呢?軟性決定論者大概會這樣接著回答:

我們之前同意過,如果一個人在某個時刻,有數個開放給他的行為選項供他選擇,我們便說

他有「自由意志」。問題在於怎樣的行為才算是「開放」給他、供他選擇的行為？不相容論者要求一個開放的行為必須是一個物理上可能的後續發展行為，但這樣的要求並不合理。一個較為恰當、有關「開放行為」的看法或許是這樣的：如果一個行為在(1)行使上並沒有物理的障礙，同時(2)沒有外力強迫一個人要或不要去做它，那麼，這個行為對他而言，就可以算是一個「開放的」行為。

比方來說，我的手待會兒可以繼續打電腦，也可以伸到我的後腦杓上抓抓癢。這兩個行為對我現在來說，行使上都沒有物理的障礙，而且也都沒有外力強迫我要或不要去做它們當中的任何一個。因此，這兩個行為對我來說就都算是「開放的」行為。

既然我現在至少有這兩個開放的行為選項供我選擇，我可以說我有「自由意志」。當然，「決定論」也是真的，因為，如果我對這個世界的現況與物理定律具有詳盡的知識，我就會知道，實際上我只會繼續打電腦。不過，就算我只會繼續打電腦，這仍無損於我有「自由

意志」這個事實；伸手到後腦杓上抓抓癢對我來說，仍然是既無物理障礙又不受外力逼迫的開放選項。所以，我仍然有所謂的「自由意志」。

開放的行為

大部分人大概會同意，軟性決定論者在這裡的說法有些強詞奪理。但強詞奪理之處到底在哪裡？不相容論者大概會這麼說：首先，如果決定論是對的，那麼，就某個意義下，是有一些外力「強迫」我待會兒繼續打電腦，而不去抓抓癢。畢竟，這個打電腦的行動，是由之前世界的狀況和物理規律先行「決定」好了的。當然，軟性決定論者可能會回答說：

> 我待會兒會去打電腦的這個行動，其實是由之前我心中所做的「決定」所造成的。我當時心中所做的決定是這個世界現況的一個部分，但它並不是在我之外的「外來」力量。所以，我待會兒會去打電腦的這個行動，並不能算是由外力「強迫」來執行的。

但軟性決定論者這樣的說法並不可信，因為，如果決定論是對的，那麼，我打電腦前心中所做的決定，仍然是由在它之前的世界狀況所決定的，而這個之前的世界狀況，又是由它之前的世界狀況所決定的等等。所以，歸結起來，我會繼續打電腦的行為，是早就由許多外在的因素所「迫使」了的。

　　其次，很明顯地，軟性決定論者對怎樣的行為才算是「開放」行為的看法，未免失之過寬。根據他們的看法，一個行為只要(1)沒有物理上的障礙，而且(2)沒有外力的強迫，就算是開放給我的行為。根據這個標準，現在開放給我的行為，不只包括繼續打電腦和抓抓後腦杓而已，同時還包括像站起來拉一首優美的小提琴曲、或找塊鐵條徒手將它硬生生劈成兩半等等，因為這些行為對我現在來說，同樣是物理上沒有障礙，並且沒有外力的強迫。但問題是，如果你認識我這個人，你就會知道，不論是拉小提琴，還是徒手將鐵條劈成兩半，都是我力猶未逮、無能為力的事情。因此，如果你認識我這個人，你不會說這兩者是現在「開放」給我選擇的行為。從這裡我們得到的教訓是：一個行為除了必須沒有物理上的障礙和外力的強迫以外，似乎還必須是一個人「有能為之」的，才算是開放給他選擇的行為。

這是個什麼樣的世界?

但不相容論者可以很快地指出說：

> 如果決定論是真的，那麼，將沒有任何一件事會是任何一個人「有能為之」的。而如果沒有任何一件事是任何一個人「有能為之」的，那麼，就前述對「開放行為」的定義來說，將沒有任何一個行為會是開放給任何一個人選擇的行為。而如果沒有任何一個行為是開放給任何一個人選擇的行為，當然沒有任何人會有自由意志。因此，如果決定論是真的，那麼，將沒有任何人會有自由意志。

　問題在於：不相容論者能不能證明：「如果決定論是真的，那麼，將沒有任何一件事會是任何一個人『有能為之』的」呢？

　不相容論者的證明很簡單：如果決定論是對的，那麼，任何一個時刻的世界狀態，都會是由它之前的世界狀態所決定的。而它之前的世界狀態，又都會是由再之前的世界狀態所決定的……等等，如此以致於無窮。因此，如果決定論是對的，那麼，任何一個時刻的世界狀態，都會是由尚無人類出現時的世界狀態就已經決定好

了的。所有尚無人類出現時所發生的事情，都是人類「無能為之」的事情。而「某一時刻的世界狀態決定了另一時刻的世界狀態」這件事，也是人類「無能為之」的事情。因而，任何一個時刻的世界狀態中所發生的任何事，都會是人類「無能為之」的事！所以，如果決定論是真的，那麼，將沒有任何一件事會是任何一個人「有能為之」的事情！

非決定論

非決定論

接下來，讓我們來看看非決定論。我們曾經說過：「顯然我們有自由意志，或至少我們相信我們有自由意志。」但根據之前的推論，如果決定論是真的，將沒有任何一個人會有自由意志。因此，一個合理的結論似乎是說：「我們有自由意志；因此，這個世界不是一個決定好了的世界。」這種看法稱為「非決定論」。根據非決定論，這世界最多只是「大致上被決定好的」；或者說，就算我們對這世界的狀態以及它的物理規律具有詳盡無遺的知識，有些時候我們還是會發現，這世界仍然有不只一種

洪荒時代

決定

 之前的世界

決定

 決定打電腦

決定

 打電腦

如果我不能決定
這時發生的事

則我不能決定它所決定的事

這不是我能決定的!

▶決定論: 認為世界的現狀是由前一時刻世界的狀態與規律所決定的看法。

▶非決定論: 認為世界的現狀不是由前一時刻世界的狀態與規律所決定的看法。

快點下來!

可能的後續發展。根據非決定論,自由意志之所以可能,正是因為在這些非決定的時刻下,有好幾種可能的行為同時開放給我們所致。比方來說,根據這個非決定論的想法,我之所以有自由意志決定待會兒要做什麼,那是因為世界現在的狀態以及它的物理規律,並不足以決定我待會兒會繼續打電腦還是抓抓後腦杓;這兩件事對我現在來說,同樣都是「開放的」。

乍看之下,非決定論似乎可以合理地說明「我們如何會有自由意志」這件事情。但如果我們仔細想想,我們或許會發現,非決定論的看法和我們有「自由意志」的想法,可能也是互相衝突的。這樣的說法或許會嚇了你一跳,但讓我們來看看為什麼我們要這樣說?

「半仙」的證詞

假設世界在現在的狀態以及規律下,大部分的事情都依照規律進行,在下一剎那時,都只有一種可能,也就是,水的沸點只能繼續是一百度、地球只能繼續自轉、

陽光也只能繼續照耀……等等；而唯一的「例外」是：沒有一件事能夠決定我待會兒會繼續打電腦還是抓抓後腦杓。根據非決定論，類似這樣的「非決定的時刻」，就是我之所以有自由意志的根源。所以，現在讓我們仔細地看看這樣的時刻。

如果事情果如我們所假設的，那麼，一個能夠「看見」過去及現在一切事件、但無法「看到」未來任何事件的「半仙」，仍然會有準確預測未來事件的能力，但他的預測能力將會是有限度的。他或許可以準確地預測下次世界發生六級以上地震的時間與地點，以及某一個氧分子在下一時刻的位置……等等，但他卻無法準確地預測待會兒我的行動會是什麼，而這是因為，根據我們的假設，沒有任何一件現在或過去的事，可以決定我待會兒會繼續打電腦還是抓抓後腦杓。就算我現在心裡想著待會兒要繼續打電腦，這個想法也不會決定我下一時刻的行為。

假設待會兒我會做的是繼續打電腦，我們的半仙要怎樣解釋我的行為呢？他不能說：「你之所以會繼續打電腦，那是因為你現在已經做好決定要繼續打電腦。」因為，按照我們的假設，「沒有任何一件現在或過去的事」，可以決定我待會兒會繼續打電腦還是抓抓後腦杓。所以，我現在心中所做的任何決定，並不能決定我待會兒會不

會繼續打電腦。同樣地，他也不能訴諸於其它任何現在或過去發生的事，來解釋我為什麼會繼續打電腦這個事實。這樣看起來，我們的半仙似乎只能說：「這件事情實在沒什麼好解釋，它就是發生了！」

問題是，如果我不能訴諸於任何與我有關的事，來說明我待會兒的行為，那麼，這似乎已經足以證明，我待會兒會繼續打電腦這件事，是我「無能為力」，或至少是我無法影響它發生或不發生的事。而直覺上來說，如果我無法影響一件事發生或不發生，那件事就不應該算是「開放」給我的行為。同樣的，我也不能訴諸於任何與我有關的事，來說明為什麼我待會兒不會抓抓後腦杓。如果我待會兒沒有抓抓後腦杓，那麼，它同樣就只是單純地「沒發生」而已，沒有什麼好進一步解釋的地方；因而也就同樣是我無法影響它發生或不發生的事。所以，在我們的假設下，我們似乎不應該說，這兩個行為或任何其它的行為，是開放給我選擇的行為。而同樣的推論，可以適用在任何非決定的時刻。所以，我們應該結論說，在任何非決定的時刻中，並沒有任何行為是「開放」給我選擇的行為。既然沒有任何時刻有任何行為是「開放」給我選擇的行為，那麼，我當然就沒有「自由意志」了！

還是沒有自由

　　這樣看起來，非決定論似乎同樣會導致我們沒有自由意志的結論！為了避免這樣的結果，非決定論者可能會說，每一個人類的行為都是由心中的決定或大腦的活動所決定，但這個心中的決定或大腦的活動本身則是「非決定的」。

　　但這樣的說法只是讓問題後退一步而已。如果心中的決定或大腦的活動本身是「非決定的」，那麼，如果它們發生了，我們的半仙只能說：「這件事實在沒什麼好解釋，它就是發生了。」而如果它們沒發生，我們的半仙也只能說：「這件事實在沒什麼好解釋，它就是沒發生。」但如果我們不能訴諸於任何與我們有關的事，來說明為什麼在我們心中的決定或大腦的活動會出現或不會出現，那麼，我們對它們就無能為力，或至少無法影響它們發生或不發生。因而它們就不應該算作是開放給我們的行為。於是，基於與前面相同的推論，我們便應該結論說，我們並沒有「自由意志」去選擇心中的決定或大腦的活動，因而我們也就沒有「自由意志」去選擇隨後發生的行為。所以，似乎無論如何，「非決定論」都會導

致我們沒有「自由意志」的結論!

可怕的結果

因為:

決定論　　非決定論
↓　　　　　↓
人類沒有　人類沒有
自由意志　自由意志

所以:

人類沒有自由意志!

如果決定論會導致我們沒有自由意志的結論,而非決定論也會導致我們沒有自由意志的結論,那麼,由於「決定論」與「非決定論」當中至少有一個會是真的,我們似乎只能結論說「我們的確沒有自由意志!」但這個結論實在太可怕了!難道我們真的沒有自由意志嗎?大部分的人都深信自己有自由意志,並且相信自由意志是法律和道德的基礎。如果我們根本就沒有自由意志,這意味著,我們的道德和法律其實是建立在一個幻象之上?!

我們還可以把「自由意志」這個問題,和臺灣現在正盛行的命理節目放在一塊來討論。近幾年來,命理學在臺灣十分走紅。不僅求卜問卦的人多,在電視及廣播節目上,還可以看到、聽到「命理專家」替人祈福解厄。命理學在臺灣不但紅,種類更是五花八門:易經、紫微斗數、子平推命、星相、塔羅牌等,可說是無奇不有。這些不同的命理學有一些共同的假設,其一是:這個世

界就算不是一個「凡事都已經決定好了」的世界，至少也是一個「大致決定好了」的世界。其二是：它們都相信，人類的認識能力，可以在相當程度上理解這個至少是「大致決定好了」的世界。其三是：至少有些時候，人類有選擇適當行為以得到較有利結果的可能。（否則的話，為什麼要去算命呢？）這裡的第一個假設，也就是我們前面所說有關「決定論」或「非決定論」的假設，而這裡最後這個假設，也就是我們前面所說有關「自由意志」的假設。但如果我們在之前所做的推論是正確的，那麼，第一和第三這兩個假設，無論如何都不可能同時為真，因而所有持這樣假設的命相館都應該關門大吉才對！

而問題是，我們有沒有可能堅持說：人類的確有自由意志呢？

我決定就算！

有些哲學家相信，要維持人類有自由意志的想法，我們必須得承認：有些時候，造成我們某些行為的原因，既不是之前世界的狀態、也不是某些特別的事件，而是「我們自己」。這些哲學家相信，這個世界是一個未決定的世界；有的時候，我們會面臨好幾種可能的行為同時

開放給我們，而世界當時的狀態以及它的物理規律，並不足以決定出唯一一個可能的後續發展來。這時候，要採取什麼樣的行為或許會由我們心中所做的決定來決定，或許會由我們大腦中的狀態來決定，但這些心中的決定或大腦中的狀態（它們仍然是這個世界狀態的一部分），則是進一步地由「我們自己」來決定。由於「我們自己」本身並不是這個世界中的一個「狀態」或「事件」，而是這個世界中的一些個體，因而它們本身並不由其它事情來決定。

上述的這個想法或許很自然，但卻有一些基本的問題待解決。首先，根據現在的這個想法，當我決定繼續打電腦時，是「我」決定了「我決定繼續打電腦」這個事件的發生（而後者則決定了「我繼續打電腦」這個行為的發生）。所以，我們可以說「我造成了我決定繼續打電腦的這個內心事件」。但「我造成了我決定繼續打電腦的這個內心事件」本身也是一個事件，而這個事件或者是被其它事件所決定的，或者不是。而如果它是被其它事件所決定，這個「其它事件」本身或者是再被其它事件所決定的，或者不是。如果這個決定的鏈是無窮的，那麼，那個最初的事件大概得追溯到宇宙大爆炸的時候，因而根本就是我「無能為力」的事件。但如果這個決定的鏈停留在某一個不被其它事件所決定的事件上，那麼，

124

這個最初的事件就只是沒有原因地發生而已，因而也就會是我「無能為力」的事件。如果這個最初的事件是我無能為力的事件，「我造成了我決定繼續打電腦這個內心事件」也同樣是我無能為力的事件，因而根本不是開放給我的行為。而如果「我造成了我決定繼續打電腦這個內心事件」不是開放給我的行為，那麼，似乎「我決定繼續打電腦」也不會是開放給我的行為。

（你或許會說，「我造成了我決定繼續打電腦的這個內心事件」這件事仍然是由「我」所造成的。但這樣一來，「我」不只造成了我決定繼續打電腦的這個內心事件，還造成了「我造成了我決定繼續打電腦的這個內心事件」這件事。但「我造成了『我造成了我決定繼續打電腦的這個內心事件』」這件事，又是由什麼所造成的呢？如果你繼續這裡的推理，你似乎只能說，在簡單決定是否要繼續打電腦這件事情當中，其實「我」造成了無數多事件的發生——而這聽起來似乎是很荒謬的！）

其次，我們可以問：這個「我自己」到底是個什麼樣的東西？它當然不能只是由發生在我身上的事件，或我的物理或心理狀態所組成。如果「我自己」只是一堆事件或狀態的組合，那麼，由於每個事件或狀態的出現，都有或者沒有原因，因此，我們還是會面臨前述決定論及非決定論所面臨的困難。所以，這個「我自己」必須

有別於發生在我身上的事件，也有別於我的物理及心理狀態。但這是個什麼樣的東西呢？是像靈魂這樣的東西嗎？但靈魂這種東西既在科學上可疑，在哲學上也沒有說服力，因此，這樣的理論似乎會導致一種神祕的「自我」看法。

最後，許多哲學家認為因果關係必然是事件（事態）與事件（事態）之間的關係，但我們現在卻宣稱說，某些因果關係是「我自己」與某些事件（事態）之間的關係。有些哲學家宣稱，後者這種因果關係是無法理解的。我們在第 3 章中曾經約略提到這個問題，但由於這整件事的討論其實十分複雜，因此我們沒有對它加以解答。一如往例，我們還是決定將它留給有興趣的讀者。

6　你是否在街上遇到過郭靖或黃蓉?

～不存在的東西～

你是否在街上遇到過郭靖或黃蓉? 不用懷疑,我不是問你是否遇到過名字叫「郭靖」或「黃蓉」的人,或在武俠連續劇中扮演成郭靖或黃蓉的人,或神經失常、認為自己是郭靖或黃蓉的人,我問的就是: 你是否在街上遇到過金庸筆下的郭靖或黃蓉?

你一定會想,這怎麼可能? 郭靖和黃蓉是小說裡虛構的人物,而你則是有血有肉、真實存在的個體,這兩種東西怎麼可能碰到一塊,或有任何的關聯! 我得說,你的想法至少對了一半:真實的事物不可能和虛構的東西有任何「物理」關聯;你既不會在摩肩擦踵的西門町巧遇郭靖與黃蓉,你的祖先也不可能在熙熙攘攘的宋朝長安大街上看見他們。但有些哲學家會說,你的想法只對了一半:雖然真實的事物不可能和虛構的東西有任何「物理」關聯,但它們可以有「心理」的關聯;你可以「喜歡」、甚至「仰慕」黃蓉,你也可以「效法」或者「崇拜」郭靖。雖然你不會在街上遇到郭靖或黃蓉,但你可以發了瘋似地在街上「尋找」他們。

事實似乎是: 大部分真實存在的人,都曾經和一些看起來不存在的東西有過心理上的關聯。比方來說,我的大兒子曾經「喜歡」哈利波特,女兒依然「崇拜」福爾摩斯,小兒子則一度「夢到」神奇寶貝。再比方說,許多人「希望」將來能買到一張中特獎的彩券,而大部

分的哲學家則「懷疑」是否有方形的圓這樣的東西。我們和不存在的東西之間有著心理上的關聯，似乎是個不爭的事實。問題是：如果這些東西並不存在，我們如何可能和它們發生關聯呢？

沒辦法呀！
誰叫我撞上了孫悟空的筋斗雲…
又掉進黑洞…

只是觀念而已

19 世紀的德國哲學家布倫塔諾認為,我們應該從有關人類心理現象的研究當中,尋求對這個問題的解答。而布倫塔諾在這方面最著名的主張則是:心理現象之所以有別於物理現象,就在於心理現象總是具有「意向性」;而所謂「意向性」,指的是「指向」、或「有關」某些事物的特性。布倫塔諾認為,每個心理現象一定都「指向」或「有關」某個或某些事物;「喜歡」一定是喜歡某個東西,「崇拜」也一定是崇拜某個東西等等。相對地來說,物理現象則不具有這樣的意向性;行星的運動,並不是「有關」某個東西;熱能的發散,也不是「指向」某個東西等等。

你或許會擔心,布倫塔諾的理論似乎會迫使我們說,當某人「喜歡」哈利波特或「夢到」神奇寶貝的時候,就非得有個客觀存在的哈利波特或神奇寶貝,來作為他心理活動指向的對象不可。不過,布倫塔諾認為,心理活動所指向的對象其實是「意識之內的觀念」,而不是外在的客觀事物。對布倫塔諾來說,喜歡哈利波特,只是喜歡哈利波特這個觀念而已;而夢到神奇寶貝,也只是夢到神奇寶貝這個觀念罷了。

回到我們原來的問題：我們和一些不存在的事物間似乎有著一些「心理」上的關聯，但這如何可能？對於這個問題，布倫塔諾的回答是：因為這些「不存在的東西」只是一些觀念，而我們的心靈可以藉種種的方式（喜歡、憎恨、崇拜等等）與這些觀念發生關聯。

▶▶布倫塔諾：心理活動的對象是觀念

不存在的人

然而，布倫塔諾的理論有一個明顯的缺點：如果心理活動的對象只是像觀念這種內在的東西，那麼，嚴格地說起來，我們既不能喜愛也不能憎恨某個真實的人，既不能害怕也不能想像某個實際的事物，我們只能喜愛、憎恨、害怕或想像他們的「觀念」而已——而這似乎違反了我們常識上的看法。基於這樣的理由，布倫塔諾的學生麥農起來反對他的老師。

麥農接受心理現象具有意向性的說法，也不否認有觀念這種東西存在，但與布倫塔諾不同的地方是，麥農認為心理現象所指向的對象並不是觀念，而是「外在的客觀事物」。對麥農來說，心理活動是藉著內在的觀念而指向外在客觀事物的活動。憎恨某人，就是藉著一些觀念去憎恨某個客觀的人；而喜愛某人，也就是藉著一些觀念去喜愛某個客觀的人等等。

你或許會擔心，麥農的理論似乎迫使我們去承認，有「客觀存在」的哈利波特或神奇寶貝等等，來作為某人喜歡或作夢的對象。的確，麥農告訴我們說，他的理論確實承認「有」客觀的哈利波特和神奇寶貝，作為心理活動的對象；但麥農同時也告訴我們說，這些東西都

▶▶麥農：心理活動藉著觀念指向客觀事物

只是一些「不存在的東西」而已。換句話說，對麥農而言，有些心理活動的對象是「客觀上有但卻不存在的東西」。自從麥農之後，認為「有不存在的東西」這樣的看法，就被稱為麥農主義或麥農式理論。

回到原來的問題：我們似乎和一些不存在的事物間有著一些「心理」的關聯，但這如何可能？麥農的回答是：因為「有」這些不存在的東西作為我們心理活動的對象啊！

缺乏現實感的麥農

缺乏現實感的麥農

麥農主義主張「有不存在的東西」。乍聽之下，這似乎是一個自相矛盾的說法，似乎這種理論主張的是：存在著不存在的東西。但主張麥農主義的人會說：這其實是一種誤解，而這個誤解來自於將「有」這個字（或英文中的 "there is" 和 "there are"），當作是「存在」("exist") 所造成的。對持麥農式理論的人來說，「有」的意思只是「有些」，而不是「存在」；對他們來說，「有些東西存在而有些東西不存在」是一種很自然、而且不矛盾的說法。如果你一定要他們舉出一些不存在的東西的例子，他們大概會很慷慨地提供你一托拉庫的例子：黃金堆成的山、方形的圓、郭靖、黃蓉、福爾摩斯、神奇寶貝、庫斯拉、我昨天晚上夢到的九頭龍、月兔、我喝醉時看到的粉紅色老鼠等等。

大部分的人在第一次聽到麥農式理論時的反應是：這絕對是一個頭殼壞掉的理論！大部分的人會說：「這個世界裡的東西或許千奇百怪、無奇不有，但絕對不會有

『不存在的東西』這一類的事物；任何企圖否認這個基本『常識』的哲學家，都是缺乏『堅強現實感』的哲學家！」有些人則可能進一步分析說，麥農式理論之所以會被提出，可能是受到我們原有問題的誤導。我們原來的問題是：

　　我們和「一些不存在的東西」間似乎有某些心理上的關聯，這如何可能？

　　但這種問法，似乎本身就已經預設了「有不存在的東西」！現在，「常識」要求我們不應該去承認有任何不存在的東西；既然沒有不存在的東西，我們原來問題中所假設的心理關聯也就根本不存在。

　　但麥農主義者一定會抗議說：日常生活中，有些語言的使用似乎直接表達了「有不存在的東西」這樣的想法。比方來講，所有的人都會同意「郭靖不存在、黃蓉不存在、福爾摩斯不存在、神奇寶貝不存在、庫斯拉不存在」這樣的說法，不是嗎？難道我們不應該因此結論說：「這些東西（郭靖、黃蓉等等）都不存在」嗎？難道我們不應該更進一步結論說：「有些東西不存在」嗎？

刮柏拉圖的鬍子

此外，承認「有不存在的東西」還有一個附帶的好處：這可以讓我們輕易解決柏拉圖《辯士篇》中所記載的一個弔詭的說法。根據這個說法，沒有人可以否認任何東西的存在時，而不造成矛盾（也就是說，在否認任何東西存在的時候，都會造成矛盾）；或者說，所有像「郭靖不存在」、「黃蓉不存在」這樣的句子都一定是假的。因為，如果有人想要否認任何東西的存在，他必須先使用像「郭靖」、「黃蓉」這樣的名字去談論它，並且說它不存在。但除非那個東西已經存在了，否則我們根本就無法使用這樣的名字去談論它。因此，如果任何人想要說「某個東西不存在」，那個東西必定已經存在；因而，所有像「郭靖不存在」、「黃蓉不存在」這樣的句子都是假的。

▶《辯士篇》(*Sophist*)：柏拉圖晚期的著作，以蘇格拉底及辯士派哲學家 Theaet 為主角，探討存在、動、靜等問題。

美國哲學家蒯英曾經戲稱這個弔詭為柏拉圖的鬍子，他認為麥農主義者一定會蓄著（支持）這個鬍子。但蒯英的看法是錯誤的，因為麥農主義者可以刮掉它們！麥農主義者可以簡單指出說：柏拉圖鬍子的錯誤在於「除

非那個東西已經存在，否則我們根本無法使用一個名字
去談論它」這句話。根據麥農主義，一個東西的「存在」，
並不是它能夠被談論的必要條件，而一個東西的「有」
卻是。我們之所以可以談論郭靖，並不是因為郭靖存在，
而是因為「有」郭靖這樣的東西。因此，柏拉圖的鬍子
應該導出的結論是：「如果任何人想要否認任何東西的存
在，那個東西必定已經『有』了。因而『某某不存在』
這樣的句子說的其實是：『有些東西（即某某）並不存在』，
而許多這樣的句子是真的，例如：『郭靖不存在』就是。」

麥農主義的證據

男子氣概的郭靖

　　麥農主義者還可能進一步指出說，在日常語言中，
確實有相當多的證據支持他們的理論。我們把這些所謂
的證據區分成三類。
　　第一類的證據是這樣的：許多有關特定小說、戲劇、
神話、傳說、夢境、幻覺等內容的句子，似乎被人們認
為是「真的」。這些句子包括像「郭靖是男人、黃蓉是女
人、郭靖是黃蓉的丈夫、福爾摩斯和華特森是好朋友、

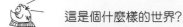

布倫塔諾（F. Brentano, 1838～1917）德國哲學家。哲學理論以意向性理論及價值哲學最為著名。他的影響廣泛，是許多重要哲學家和心理學家——麥農、胡塞爾、佛洛伊德——的共同老師。代表作有《經驗觀點下的心理學》等書。

▶意向性 (intentionality)：指向自身之外事物的特性。語言與思想通常被認為具有意向性，因為它們總是指向它們之外的事物。

麥農（A. Meinong, 1853～1920）奧地利哲學家及心理學家。哲學理論以對象論最為著名，主張有不存在的東西。他成立了奧地利第一個實驗心理學實驗室，對奧國心理學發展貢獻很大。著作有《論假設》及《休姆研究》等書。

▶麥農主義或麥農式理論 (Meinongianism)：主張除了有存在的東西以外，還「有」一些不存在的東西。

蒯英（W. O. Quine, 1908～2000）美國著名哲學家及邏輯學家。因反對分析—綜合區分、反對內涵性實體、反對模態邏輯、主張自然主義與主張整體論而聞名。主要著作有《邏輯哲學》、《文字與對象》等書。

哈姆雷特是個優柔寡斷的人、閻羅王是主管陰間的神祇、龍是會飛的動物、魔怪（我昨晚夢到的怪物）長得很恐怖」這樣的句子，我們稱這類句子為內部語句。

問題是：為什麼這些內部語句會是「真的」？如果真的語句就是符合事實的語句，那麼，它們所符合的事實是什麼？舉「王文方是男人」這句話為例，這句話要為真，必須⑴「王文方」這個名字代表某個東西，即作者；而且⑵這個東西事實上展現出男人的特質。依照同樣的道理，「郭靖是男人」這句話要為真，似乎也必須⑴「郭靖」這個名字代表某個東西；而且⑵這個東西事實上展現出男人的特質。但我們都知道，郭靖所代表的東西事實上並不存在，因此，麥農主義者結論說：「雖然『郭靖』所代表的東西並不存在，但仍然有郭靖這樣的東西，而且，這個東西是個男人」。

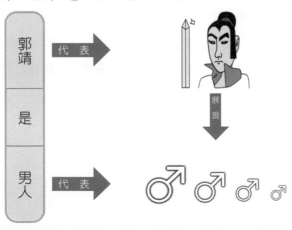

武功高強的郭靖

　　支持麥農主義的第二類證據是這樣的：許多同時有關好幾本小說、戲劇、神話、傳說、夢境、或幻覺等內容的句子，似乎也被人們認為是「真的」。這些句子包括像「郭靖的中國功夫比福爾摩斯高強、福爾摩斯比哈姆雷特果決、哈利波特沒有見過白雪公主、龍比神奇寶貝巨大」這樣的語句，我們可以稱它們為交互語句。

　　為什麼這些交互語句會是「真的」？同樣地，如果真的語句就是符合事實的語句，那麼，「郭靖的中國功夫比福爾摩斯高強」這句話要為真，似乎必須(1)「郭靖」和「福爾摩斯」這兩個名字各自代表某個東西；而且(2)「郭靖」所代表的東西比「福爾摩斯」所代表的東西實際上武功高強。但我們都知道，郭靖和福爾摩斯所代表的東西並不存在，因此，麥農主義者結論說：「雖然『郭靖』和『福爾摩斯』所代表的東西並不存在，但前者卻比後者武功高強」。

萬人迷郭靖

　　支持麥農主義的最後一類證據是這樣的：許多同時

論及真實與虛構事物的句子，似乎也都被認為是「真的」。這些句子包括像「王文方很喜歡郭靖、福爾摩斯比大部分存在的偵探聰明、有些人很害怕閻羅王、我很想乘坐會飛的龍」這樣的句子。由於每一個這類句子的內容，都涉及至少一個真實事物，所以，我們可以稱它們為外部語句。

為什麼這些外部語句會是「真的」？不用我們再三重複地說吧，「王文方喜歡郭靖」這樣的句子要為真，似乎得有像郭靖這樣不存在的東西吧！

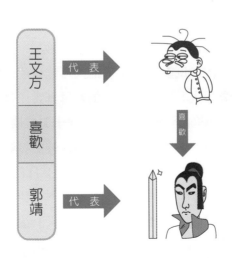

金庸沒有這樣寫

金庸沒有這樣寫

　　麥農主義者似乎認為，只有承認「有不存在的東西」，才可以說明為什麼我們所提到的那幾類語句會是真的。反對麥農主義的人如果想要成功地說服我們說，這世界上並沒有像郭靖這樣的東西，那麼，他們必須要能夠證明：就算不假設「有不存在的東西」，我們還是可以說明為什麼那些語句會是「真的」。但問題是，要找出這樣令人滿意的解釋，似乎比想像中困難得多。

　　比方來說，反對麥農主義的人可能會說：當一個人說「郭靖是男人」的時候，他的意思其實只是：「『郭靖是男人』是金庸某本小說中的一個句子」。推廣一點地說：當一個人說出一個與某小說（戲劇、神話等等）內容有關的句子「P」時，他的意思其實只是：「『P』是該小說（戲劇、神話等等）中的一個句子」。乍看之下，這樣的說法似乎可以說明為什麼「郭靖是男人」這樣的句子會是真的，而又不必假設有什麼不存在的東西；畢竟，「『郭靖是男人』是金庸某本小說中的句子」──要為真，只

要某本金庸小說當中有「郭靖是男人」這樣的句子就可以了。

　　但仔細想想，這樣的看法一點都站不住腳。為什麼呢？首先，翻遍金庸寫的武俠小說，你根本就找不到「郭靖是男人」這樣的句子，因而「『郭靖是男人』是金庸某本小說中的句子」是假的。但就算金庸沒寫過「郭靖是男人」這個平庸的句子，大多數人還是會認為這句話是真的。因此，「郭靖是男人」和「『郭靖是男人』是金庸某本小說中的句子」這兩個句子，不可能被用來表達相同的意思。其次，就算金庸真的寫過「郭靖是男人」這樣的句子，這個解釋也不適合用來說明交互語句和外部語句。顯然，沒有任何現存的小說當中會有像「郭靖的中國功夫比福爾摩斯高強」、「王文方很喜歡郭靖」這類的句子。最後，這樣的解釋也不能用來說明為什麼「郭靖不存在」會是真的：金庸的小說當中當然不包括這個句子，但「郭靖不存在」仍然是真的。

別讓金庸說得太多

　　反對麥農主義的人可能會反擊說，這樣的批評太過於吹毛求疵：就算金庸沒寫過「郭靖是男人」這樣的句子，至少他曾經這樣「暗示」過，或至少我們可以從他

所寫的句子當中「邏輯地推論」出來。因此，反對麥農主義的人可以說：凡是作者所暗示的，或者從小說（或戲劇等等）實際句子可以邏輯地推論出來的，都是「根據」該小說（或戲劇等等）而為真的句子，因而可以算做是該小說「中」的句子。所以，像「郭靖是男人、郭靖有喉結、郭靖的中國功夫比福爾摩斯高強」這樣的句子，都是「根據金庸小說」為真、屬於該小說「中」的句子。

　　不幸的是，這樣的主張未必比前一個看法好到哪裡。首先，並不是所有作者暗示過的事情，都會被認為是「根據該小說」而為真的事情。如果金庸曾經暗示過郭靖是個外星人，但這樣的暗示卻從來沒被任何人注意、或在意過，那麼，「郭靖是外星人」仍然不會被認為是「根據金庸小說」而為真的句子。其次，並不是任何可以從小說（或戲劇等等）的實際句子邏輯地推論出來的，都會被算作是該小說（或戲劇等等）的一部分。比方來說，從任何小說的任何句子，我們都可以邏輯地推論出「2+2=4」，也可以邏輯地推論出「如果今天臺北下雨，則今天臺北下雨」（不要管它們如何可能被推論出來，讀者只要相信我們就可以了），但不會有人因此就認為，這些算數或邏輯真理是那個小說的一部分。再者，如果福爾摩斯從來就不存在於金庸的武俠小說中，我們很難說「郭

144

靖的中國功夫比福爾摩斯高強」會是一個可以從金庸小說中推論出來的句子。最後，就算前面這幾個問題統統解決了，這樣的解釋也不適用於說明為什麼「外部語句」和「郭靖不存在」這樣的句子會是真的。顯然，「王文方很喜歡郭靖」這樣的句子，不會是根據任何現存小說而為真的句子。同樣顯然的是，「郭靖不存在」是真的，儘管根據金庸小說郭靖是存在的！

郭靖只是一堆性質？

另一個容易出現在麥農主義反對者心中的想法是這樣的：小說人物的名字所代表的，只是作者賦予這個人物的一些特性罷了；因此，涉及這些名字的句子，儘管表面上看起來像是在談論不存在的東西，骨子裡卻只是在談論這些相關的特性。比方來說，「郭靖」這個名字所表達的，也許是像是**個男人、會降龍十八掌、喝過巨蟒血**……等這些特性；任何有關郭靖的句子，都應該被理解為有關這些特性的句子。英國哲學家羅素便曾經提倡過類似的看法。

根據羅素的理論，說「郭靖不存在」的意思大致是：「具有上述這些特性的東西不存在」；而說「郭靖武功高強」的意思則大致是：「存在著唯一一個具有上述特性和

武功高強這個特性的東西」。通則一點地說，羅素認為，每個名字 A 都表達一些特性；說「A 不存在」的意思大致是：「具有與 A 相關特性的東西並不存在」，而說「A 是 P」的意思則大致是：「存在著唯一的一個東西，它具有所有與 A 相關的特性，並且同時具有 **P**。」

問題是：這樣的分析方式，會讓所有簡單的內部語句和交互語句都變成假的語句。比方來說，在這樣的分析之下，所有「郭靖是 P」這樣的簡單句子，都表達「存在著唯一的一個東西，它具有所有與郭靖相關的特性，並且同時具有 **P**」。但我們知道，實際上並沒有任何存在的東西具有與郭靖有關的特性，因此這樣的句子總是假的。因而，如果羅素的分析是正確的，那麼，所有「郭靖是 P」這樣的句子都會是假的。而我們先前說過，許多有關郭靖的簡單內部語句和交互語句，都被認為是「真的」；因此，羅素的分析方式似乎不太像是正確的。

更何況，大部分的外部語句並不適用羅素的分析方式。比方來說，根據羅素的分析，

羅素（B. Russell, 1872～1970）英國重要哲學家，也是 20 世紀分析哲學的創始者之一。他是少數得過諾貝爾文學獎的哲學家之一，也曾因為反戰坐過牢。他的哲學論述既多且廣，影響也很深遠。主要著作有《數學原理》一書。

「福爾摩斯比大部分存在的偵探聰明」所表達的是（假設「福爾摩斯」所表達的只是**住在貝克街 221b 的偵探**這個特性）：「存在著唯一的一個東西，他是一個住在貝克街 221b 的偵探，並且他比任何真實的偵探都來得聰明。」但實際上並不存在著這樣的一個偵探，因此，最後這個句子是假的。但當然「福爾摩斯比大部分存在的偵探聰明」是真的；因此，羅素的分析在此仍然是不正確的。

說些不真不假的事情

當然，反對麥農主義的人可以繼續試著去彌補羅素理論中的困難；比方，他或許可以說，「A 是 P」的意思其實是：「根據某某小說（或戲劇等等），存在著唯一的一個東西，它具有所有與 A 相關的特性，並且同時具有 **P**。」他或許可以因此成功而曲折地說明，為什麼前述的三種語句會是真的，並且無需訴諸「有不存在的東西」這樣的假設。但至少讀者現在應該知道，要找出這樣令人滿意的解釋，實在不容易。麥農主義者會說，至少就簡單性這一方面來講，麥農主義遠遠勝過反對它的理論。

無論是麥農主義者，或前述反對麥農主義的人，都認為我們之前所列舉的幾類語句是真的。但為什麼我們

非得認為它們是「真的」不可呢？如果常識告訴我們說，這世界並沒有像郭靖這樣的東西，那麼，任何包括「郭靖」這個名字的句子，難道不都是一些沒有談論任何的東西的句子嗎？既然這樣的句子沒有談論任何的東西，難道我們不應該因此說，它們是既不真、也不假，沒有真假可言的句子嗎？這似乎是德國哲學家弗列格的看法。

但弗列格的看法很難說是正確的。首先，對許多涉及不存在事物的句子來說，我們很難否定它們是有真假的。比方來講，就算「郭靖是男人」這個句子沒有真假可言，「郭靖不存在」無疑是真的。如果前者因為沒有郭靖這個人而不真不假，那麼後者便基於相同的理由而為真。再比方說，「王文方很喜歡郭靖」是千真萬確的，而且沒有任何人比我更有資格說它是真的；如果任何人反對我的說法，我也會基於相同的理由，反對他說他「自己很痛苦或很快樂」等等！其次，當我們在數學上使用歸謬法進行推論和證明的時候，我們總得先假設存在著一些實際上不（可能）存在的東

弗列格（G. Frege, 1848～1925）德國數學家及哲學家，也是現代數理邏輯及分析哲學的創始者之一。主張算數只是邏輯的一個部分，算數真理只是邏輯真理。主要著作有《算數的基礎》、《算數的基本原理》等書。

西，以便從這樣的假設中推演出矛盾來。當我們這樣假設的時候，我們當然是在假設這樣的句子「為真」！如果這樣的句子果真像弗列格所說，既不真也不假，那麼，就連數學上的歸謬法也會喪失了使用上的正當性。

詭異的麥農

不完整的麥農

看起來，反對麥農主義的人，想要找到一個適當理論的願望，真不知道要到哪一天才會實現呢！但反對麥農主義的人或許會說，就算他們的理論目前還不成熟吧，至少他們可以證明說，麥農式的理論本身充滿了困難與矛盾，因此絕對是錯誤的。

究竟，麥農式的理論有些什麼樣的困難與矛盾呢？現在，就讓我們來看其中的一個。假設我現在正在想像一個美女的「背影」，而你正在想像一個美女的「正面身影」。假設我們所想像的美女有相同的身高、身材、膚色，甚至連周遭的景物都是一樣的。根據麥農主義者，我們的心理活動各自有一個客觀的對象：一個美女。問題是：我們所想像的美女是同一個人嗎？還是不同的人呢？如

果我的美女的正面不同於你所想像的，或者你的美女的
背影不同於我所想像的，或許我們可以說她們是不同的
美女。但問題是：我的美女沒有正面的影像，而你的美
女也沒有背面的影像啊！如果她們是同一個人，是什麼
事情讓她們成為同一個人？而如果她們不是同一個人，
又是什麼事情讓她們成為不同的人呢？

再比方說，我今天夢到了一隻恐龍，在我家四處閒
逛。隔天我又夢到一隻長相極度相像的恐龍，在我家四
處閒逛。根據麥農主義者，我這兩天的心理活動各自有
一個客觀的對象：恐龍。但問題是：它們是同一隻恐龍
嗎？還是不同的恐龍呢？是什麼事情讓它們成為同一隻
或不同一隻的恐龍呢？更普遍地說，在什麼條件下我們
可以說兩個不存在的東西是同一個？而在什麼條件下我
們卻不能這樣說呢？有沒有什麼事情或標準，可以讓我
們作出這樣的決定？如果它們是客觀的事物，當然有一
些客觀的條件足以決定它們到底是不是同一個。但問題
是：這些客觀的條件到底是什麼？顯然，麥農主義者之
所以會有這樣的問題，那是因為他們相信有不存在的東
西使然。如果根本就沒有不存在的東西，「它們」是不是
同一個東西的問題也就無從出現了。

矛盾的麥農

　　但更糟糕的是，麥農式的理論似乎還會導致矛盾！羅素給了兩個例子。他說，依據麥農的理論，如果我現在正在思考「方的圓」這個東西，我的思考就會有一個客觀的對象，也就是「方的圓」。但「方的圓」這個東西既是方的又是圓的，因此它會又是方的又不是方的，但這個結果是矛盾的。同樣地，羅素還說，依據麥農的理論，「存在的金山」既是存在的又是不存在的，而這同樣也是矛盾的。這樣的例子其實比比皆是。如果小說（或戲劇）中的名字代表一些不存在的東西，那麼，當小說（或戲劇）對事物的描述出現矛盾的時候，這些名字就會代表一些矛盾的東西。

　　矛盾有什麼不好？首先，常識告訴我們，矛盾的事情不可能是真的。因此，相信矛盾就是相信一些明顯為假的事情。其次，從邏輯的角度來說，承認矛盾似乎會導致每件事都為真的結果。至於「什麼是矛盾」這個問題，我們得留到第 9 章，再來好好說明。

7 救世主 ～其它的可能世界～

孟子說，天將降大任於斯人也，
必先苦其心志，勞其筋骨！
辛苦磨練⋯我不怕⋯
因為⋯
我是⋯救世主⋯⋯

這是個什麼樣的世界？

大家都看過電影「救世主」嗎？讓我先為各位介紹一下劇情，再進行本章的討論。

電影「救世主」劇情簡介

> 除了我們生活的世界之外，同時還有許多平行的小宇宙。而在每個平行的小宇宙中，又都存在著每一個人的「副本」。每當一個副本死亡，其體內的能量就會平均分散到其餘的副本上。如果所有平行小宇宙中的副本都死亡，所僅剩的最後一個人，他體內的能量就可以讓他呼風喚雨。
>
> 蓋勃瑞（李連杰飾）是一個身手矯捷、極富正義感的洛杉磯刑警。在不知道有平行宇宙存在的情況下，他遇見一個跟自己長得一模一樣的人來追殺他，蓋勃瑞還以為是幻覺。當他知道自己是阻止邪惡的蓋勃瑞稱霸世界的唯一希望時，他必須挺身而出，對抗自己的副本……。

在電影中，邪惡的蓋勃瑞「副本」穿梭在許多的平行世界間，襲殺他在其它世界裡的「自己」，以吸取他們的能量，好成為「獨一無二」的至尊。這樣的情節不僅是好萊塢編劇的想像結晶而已，它同時也是當代許多嚴肅的哲學家與科學家的共同信念。這些哲學家相信，我們所處的世界只是許多「可能世界」當中的一個。而這些物理學家則認為，一個物理事件的眾多可能性是同時存在著的。當然，哲學家、物理學家和電影編劇者對可能世界的看法，以及他們各自的動機，並不完全相同，

吃飽飽、睡好好最重要，救世主!? 沒興趣……。

以下我們只討論哲學家的部分。

　　為了方便討論起見，讓我們先說明兩件事。第一，在以下的討論中，「世界」和「可能世界」這兩個詞，可以看作是同義詞，不需要加以區別。第二，在這一章裡所說的「可能性」，特別指的是「形上學上的可能性」，這與第 5 章中所說的「物理上的可能性」不同，而其間的區別是這樣的：一件事要成為形上學上可能，只要描述它的概念之間不相牴觸就可以了；而一件事要成為物理上可能，則它必須與現實世界的物理法則不相牴觸才行。據此，「超人跑得比光還快」這件事，雖然在物理上是不可能發生的，但它卻是形上學上可能的；因為，超人這個概念與跑得比光快這個概念並不互相牴觸。另一方面來說，「超人是一個目前已婚的單身漢」這件事，無論在物理上或是形上學上都是不可能的；因為，目前已婚這個概念與單身漢這個概念是彼此牴觸的，而概念上牴觸的事情，也都違反這個世界的物理規律。最後，「超

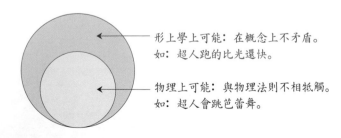

形上學上可能：在概念上不矛盾。
如：超人跑的比光還快。

物理上可能：與物理法則不相牴觸。
如：超人會跳芭蕾舞。

人會跳芭蕾舞」這件事,不僅在物理上可能,而且也是
形上學上可能的;因為,這件事不但不牴觸這個世界的
物理規律,而且它的概念之間也不互相牴觸。因此,基
本上,所有物理上可能的事,都是形上學上可能的;但
形上學上可能的事,則未必都是物理上可能的。

世界是什麼?

世界是什麼?

　　回到可能世界的問題來。我們首先要注意的是,當
哲學家說有許多「世界」或「可能世界」存在的時候,
他們並不是在說有許多的「星球」或「星系」存在著。
對哲學家來說,這個浩瀚宇宙當中的每個星體,不論它
有多大或多小,多遠或多近,都只是「這個世界」當中
一個極小的部分而已。同樣地,當哲學家說有許多「世
界」或「可能世界」存在的時候,他們也不是在說有像
「一百萬年前的世界、18 世紀的世界、未來的世界」這
些「世界階段」存在著。對哲學家來講,這些不同的世
界階段,其實也只是同一個世界的不同時間而已。對許
多哲學家而言,除了我們這個具有浩瀚時空的「現實世

界」存在以外，還有許多或大或小、各有其時空的「可能世界」存在著。

　　「慢著！」你會說：「我們不是已經在〈導論〉中讀到，這個『世界』就是一切事物的總和嗎？既然這個『世界』已經是一切事物的總和，在它之外怎麼還會有其它的東西呢？當哲學家說『除了這個世界之外，還有其它許多可能世界存在著』時，他們難道不是在自我矛盾嗎？」

　　聰明的讀者啊！如果哲學家在這裡所說的「世界」，和我們在〈導論〉中所說的「世界」是一樣的意思，那麼，當然你是對的。不過，事實是，當不同的哲學家說出「不只只有一個世界存在」的時候，他們對「世界究竟是什麼東西」的看法，並不全然相同，而每一種看法也都和我們在〈導論〉裡所說的有所差別。不過，我們現在還不必急著去弄清楚，這些哲學家所說的「世界」到底是種什麼樣的東西；在本章適當的地方，我們將會仔細地來說明這些看法。

　　再回到可能世界的想法來：有許多哲學家相信，除了我們的世界以外，還有許多其它的世界存在著。這樣的哲學家通常被稱為模態實在論者。對模態實在論者來說，我們所處的世界對我們而言，是唯一的現實世界，而其它的世界則是僅僅可能的世界。但不管是現實的世界，還是僅僅可能的世界，每一個世界都是一個「可能

世界」，而這些可能世界的數量則有無限多個。問題是，為什麼模態實在論者會有這種駭人聽聞的想法呢？在一般人的想法中，「這個世界」（現實世界）已經是一個無所不包的地方了：它在空間上包括極近的事物與極遠的星體，在時間上則包括遙遠的過去與無垠的未來。如果有人告訴我們說，除了這個世界以外，還有許多其它的世界存在著，任何一個正常的人在第一次聽到這種說法的時候，總是會感到詫異的，不是嗎？那麼，為什麼這些哲學家要這樣說呢？

▶ 模態實在論 (modal realism)：相信有許多可能世界存在的想法。模態論者對「世界究竟是什麼」的看法，未必全然相同。

我們本來就相信有許多世界！

理由很簡單！模態實在論者會說：「因為一般人本來就相信有許多的可能世界存在；這是我們的常識之一！模態實在論者只是指出這個常識的看法而已！」但這真是我們的常識嗎？

為了要說明這的確是我們的常識，一起來看看下述例子。比方來說，今天上午我開車來學校上課，這雖然是實際上發生的情形，但它卻不是非得如此不可；我可能在半路上改變心意而掉頭回家睡覺、可能在路上碰到

一些老朋友而一起去吃個飯、可能在街上發生嚴重車禍而現在正躺在醫院裡急救、也可能在半路被外星人綁架而現在還在外太空等等。這些儘管「實際上」沒有發生，但它們都是物理上「可能」發生的情形。而如果我們還考慮形上學上的可能性，那麼，我被炙熱的太陽蒸發、被突然吹來的一陣寒風凍成冰塊、或者在 3 秒鐘內跑了 5 公里到學校去等等，也都「不是不可能」的。

而且，不僅「局部的」世界可能與實際上的情形不同，就算是「整個的」世界，我們也都相信它「可能」與實際上的樣子不一樣。假如宇宙大爆炸提前或延後發

允文允武才是真英雄，空有武力是不行的！

生了，那麼，整個世界的歷史就會和實際上不太一樣。同樣地，假如水在攝氏 20 度時就會沸騰，那麼，這整個世界的狀態就會和實際上大不相同。

因此，重點是，不論是局部的世界還是整個的世界，我們都相信：它們除了實際的情形之外，還「可能」是別的、不同的樣子。現在，拋開局部的事件不看，專心看這個世界整體。這個世界除了它實際的情形以外，還「可能」是別的樣子；或者說，還可能是別的可能情形。甚至我們說，這個世界的實際情形也只是可能情形之一而已。現在，讓我們稱這個現實世界的一種可能情形為一個「世界」或一個「可能世界」。於是，我們可以說，除了實際的世界以外，還有許多的「世界」或「可能世界」存在著。因此，模態實在論者說，當他們說有許多的世界存在的時候，他們其實就是在說這世界還有許多的「可能情形」。由於一般人本來就相信，這個世界還有許多別的可能的樣子；所以，模態實在論者說，我們本來就相信有許多的「可能世界」存在著，不是嗎？

可能世界 ══ 現實世界的可能情形

要「可能世界」幹嘛？

這樣聽起來，模態實在論者所說的多重「可能世界」，似乎並不是什麼神秘的東西；不過就是「現實世界的可能情形」而已。問題是：可能世界或我們平常所說的現實世界的可能情形，究竟是一種什麼樣的東西？在回答這個問題之前，我們得先回答下列問題：為什麼我們需要「現實世界的可能情形」或「可能世界」這個概念？

簡單地說，我們之所以需要這些概念，有一部分的理由是這樣的：

⑴可以用它們來作為決策與評斷的基礎

⑵可以用它們來區分語句為真或為假的不同「模式」

⑶可以用它們來區分事物擁有特性的「方式」

⑷可以用它們來做有關這些模式或方式之間的推論

讓我們稍微說明這幾點。

⑴決策與評斷的基礎

沒有人一天不做決定，問題在於，我們如何做出決定？假設現在有幾件事讓你選擇，你會怎樣決定做哪一件事呢？如果你夠理性，當然你應該先仔細想想每件事的可能後果，然後挑出那些結果最令人滿意的事來。不

管你是怎樣推想出這些結果來的，重點是：你得認真的
去考慮這個世界的幾種可能情形，換句話說，你得考慮
幾個「可能世界」，才能做出適當的決定來。

　　同樣地，沒有人一天不在作評斷，特別是非對錯
的評斷，問題是，我們如何做出這樣的評斷來？假設你的
弟弟在門口玩沖天炮，而你決定勸他找點別的事情做做。

　　「為什麼？」你的弟弟問。
　　「因為你可能炸傷自己或路人」你說。
　　「可是我並沒有炸傷任何人啊！」你的弟弟抗議說。
　　「但你可能會炸傷人！」你回答。

不管你是怎樣推測出這個結果來的，重點是：你正在考
慮這個世界的某種可能情形，換句話說，你正在考慮某
個「可能世界」。而其它的評斷也是類似這樣的。

⑵語句真假的模式

　　語句包括兩種：真的語句和假的語句。在真的語句
當中，我們發覺，有些語句是「必然為真」的，它們不
可能是假的。比方來說，像「2+3=5」，或者像「所有的
東西都等於它自己」這樣的語句，便被一般人認為是「不
管這個世界長得怎樣」都會為真的「必然真理」。另外，
有些語句雖然是真的，但它們卻只能說是碰巧因為這個

世界的樣子而「偶然為真」罷了；它們仍然有可能為假。比方來講，像「王文方今天開車來上班」，或者像「所有的獅子都不會飛」這樣的語句，雖然實際上是真的，但卻有可能為假：如果我養了一隻會飛的獅子，並且每天騎著牠去上班，在這樣可能的情形下，這兩個語句就都會是假的。

同樣地，在假的語句當中，我們也發覺，有些語句是「必然為假」的，它們不可能為真的。像「2+3=6」，或者像「某些東西都不等於它自己」這樣的語句，就是「不管這個世界長得怎樣」都會為假的「必然假理」。另外，有些語句雖然是假的，但它們卻只能說是碰巧因為這個世界的樣子而「偶然為假」罷了；它們仍然有可能為真。比方來講，像「王文方今天上午在家裡睡覺」或者「有些獅子會飛」這樣的語句，雖然實際上是假的，但卻是有可能為真的語句。

問題是：是什麼東西（或在什麼條件下）使得我們可以說某些語句必然為真呢？

「答案是」，模態實在論者會說：「要知道一個語句為真或為假的模式，我們除了必須知道這個世界的實際情形之外，還得要知道它的其它可能情形，或者說，其它可能世界裡的情形。」因為，所謂「必然真理」（或「必然假理」），無非就是在這個世界的所有可能情形下都為

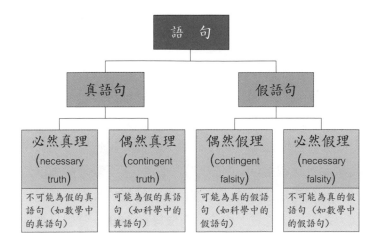

真（假）的語句，而我們說過，這個世界的一個可能情形也就是另一個世界。因此，我們可以說：如果一個語句在每個世界當中都為真，這個語句就是個必然為真的語句。而如果一個語句在每個世界當中都為假，這個語句就是個必然為假的語句。類似地，如果一個語句在某些世界當中為真，卻在另外一些可能世界裡為假，我們就說它是個偶然的語句。

(3)事物擁有特性的方式

不僅語句有不同真假模式的區分，從亞里斯多德以來，一直有一些哲學家認為，事物所擁有的「性質」也可以類似地區分成兩種：一種是該事物不但實際上擁有、

而且是必然擁有的性質；也就是該事物不可能不擁有的「本質性質」。另一種則是該事物實際上擁有，但它卻可能不擁有的「偶有性質」。比方來說，在這些哲學家的想法中，馬英九不僅實際上是人，而且他必然是人，他不可能不是人。他們同時也認為，雖然馬英九實際上身高180公分，但他卻可能長不到180公分；他有可能長得比實際上矮很多（如果他小時候偏食、又不愛運動的話）。如果這個看法是對的，那麼，像人這樣的性質，就是馬英九的「本質性質」之一。而像身高 **180 公分**就是他的一個「偶有性質」。

　　可是本質性質和偶有性質要如何區分呢？

　　「答案是」，主張有這個區分的哲學家會說：「要決定一個性質對某事物來說是本質性質、還是偶有性質，我們除了要知道該事物在這個世界裡的實際情形之外，還得要知道這個世界的其它可能情形。」我們說過，一個可能的情形也就是另一個世界。因此，我們可以說：如

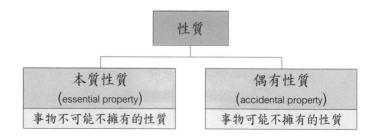

果一個事物在每一個世界裡都擁有性質 **F**，**F** 就是這個事物的一個本質性質；而如果一個事物在某些世界裡擁有性質 **F**，卻在另外一些世界裡不擁有，那麼，**F** 就是它的一個偶有性質。

（當然，並不是所有的事物都會存在在每一個世界中。比方來說，如果我的父母親從來就沒有相遇過，那麼，在這樣的情形下，我就不會存在了。不過，為了討論簡單起見，讓我們暫時忽略這一點。）

⑷模式間的推論

一旦我們知道決定一個語句真假模式的因素，或者決定一個性質被擁有的方式的因素是什麼，我們就可以據此來判斷涉及這些模式間的推論是否正確。比方來說，不管 "P" 是個什麼樣的句子，如果「"P" 必然為真」這句話是真的，那會是因為 "P" 在所有的世界當中都為真

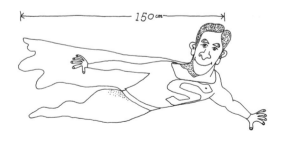

救世主應該沒有身高限制吧！

的緣故；但由於現實世界也是所有世界當中的一個，因此我們可以從「"P" 必然為真」推論出「"P" 實際上為真」這樣的句子來。同樣地，不管 F 是個什麼樣的性質而 a 又是個什麼樣的東西，如果「F 是 a 的本質性質」是真的，那會是因為 a 在所有的世界中都具有 F 的緣故；而如果 a 實際上存在著，那麼，我們當然可以據此推論出「a 實際上具有 F」這樣的句子來。其它涉及這些模式的推論，不論它們有多麼複雜，基本上都可以透過類似的程序來決定它們是否正確。

現在，讀者應該了解，「可能世界」的概念是相當有用了吧!

世界是抽象的還是具體的東西？

世界是抽象的東西嗎？

　　回到之前跳過的問題。模態實在論所說的「世界」，或我們平常所認為的「現實世界的可能情形」，到底是一種什麼樣的東西？對於這個問題，模態實在論者基本上有兩種看法。一派認為，所謂「世界」，其實是一種抽象的東西；他們被稱為「真實論者」或者「模態化約實在論者」。另一派則認為，所謂「世界」，指的是實際存在物之外的一些具體事物；他們被稱為「可能論者」或者「模態絕對實在論者」。上述這兩種事物之間的區別是這樣的：抽象的事物，像數目、語言內容或集合等等，是不佔時間或空間的東西；而具體的事物，像桌子、椅子等等，則佔據時間與空間。讓我們先看真實論者的主張。

　　真實論者認為，世界其實是某種抽象的事物，但是是哪一種呢？真實論者間並沒有一致的看法。有些認為可能世界是我們對這個現實世界所做的一些「詳盡、不矛盾，但不見得正確的語言描述」。另外一些人則認為，世界並非描述本身，而是這些描述的「內容」，哲學家叫

這樣的內容為命題。另外，還有一些人認為，所謂世界，或者是這個世界本身的一些「簡單特性」，或者只是這個世界中各種事物的不同「組合方式」。

　　無論他們的主張如何不同，重要的是，所有的真實論者都認為，世界──包括現實世界──是一種不佔據時間與空間的抽象事物：語言、命題、性質或組合方式等等。但這樣的看法，有幾個明顯的問題。首先，至少我們所處的現實世界就不是一個抽象的事物，它是佔據時空的具體事物！因而說現實世界也是一個抽象的東西，在乍聽之下就不太可信。當然，真實論者可能會說，現實世界是一個例外，它是一個具體的東西，而其它「僅僅可能的世界」則是抽象的東西。但憑什麼他們可以這樣說呢？如果「僅僅可能的世界」和現實世界一樣都是「世界」，為什麼它們當中有些會是具體的，而其它卻是抽象的呢？其次，有些哲學家認為，除了數學上所說的集合以外，其它任何的「抽象事物」，都是哲學上沒有用處的假設；對於這些哲學家來說，說可能世界是抽象的「語言描述」、或「內容」、或「性質」、或「組合方式」等等，也就等於是在假設一些可疑的東西存在著。最後，這樣的理論似乎還會碰到「跨世界等同」的問題。不過，這個問題究竟是什麼？我們在這裡先賣個關子，留到本

> ▶命題 (proposition)：
> 句子所表達的意義
> 或內容。

章的後面再討論。

世界是具體的東西嗎?

有鑑於真實論者所面對的困難,可能論者路易士便主張,每一個世界都是一個具體的事物。對路易士來說,一個世界也就是「由具有時空關聯的一切具體事物所形成的總和」,而這樣的總和本身也是一個具體的事物。因此,我們的現實世界包括了一切與我們在時間或空間上有關聯(不論是多遙遠)的原子、星河、恐龍、人物等等。但我們的世界只是眾多世界當中的一個,除了我們這個世界以外,還有許多「由具有時空關聯的一切具體事物所形成的總和」或「世界」存在著。每一個世界都和我們的世界一樣是具體的存在物;而大部分的世界也

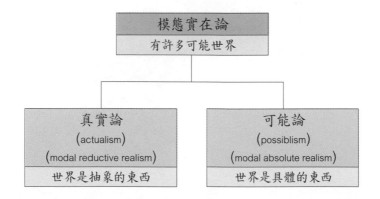

都和我們的世界一樣，包含著許多原子、星河、恐龍、人物等等在內。每個世界裡的任意兩個事物之間，都有一定的時間或空間上的關聯；但任意兩個世界之間，或任意兩個世界裡的事物之間,則不會有任何的時空關聯。對我們來說，我們的世界是「現實世界」，其它的世界是「僅僅可能的世界」；但對其它世界的事物來說，他們的世界才是「現實世界」，而我們的世界則是「僅僅可能的世界」。

由於每一個世界和當中的事物都是具體的事物，而一個具體的事物不可能存在在兩個不同的時空區域中，

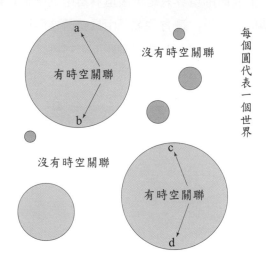

因此路易士理論的一個結果是：別的世界中的你與現實世界中的你並不是同一個人，充其量你們只是「很相似」而已。根據路易士的理論，如果某個世界中的某個人在許多重要的方面像你，並且他比那個世界中的其它東西都更像你，那麼他就是你在那個世界中的一個「副本」。在某些世界中你可能會有好幾個副本，因為他們都同樣像你。但在某些世界中你可能連一個副本也沒有，因為沒有一個東西在重要的方面像你。如果你在每個世界中的每個副本都是人，人就是你的一個本質性質；而如果你在這個世界中有三個小孩，但你的某個副本卻多生或少生了一個，那麼**有三個小孩**就只是你的一個偶有性質而已。

無疑地，像路易士這樣的可能論，雖然能夠避免真實論所面臨的困難，但卻給人一種科幻小說式胡言囈語的感覺。此外，如果真的有無數多個具體世界存在在我們這個世界之外，我們是如何得知這件事

> 路易士（D. K. Lewis, 1941～2001）美國傑出哲學家與哲學邏輯學家，前普林斯頓大學教授。以主張有其它具體的可能世界而著名。主要著作有《違反事實條件句》、《多重世界》等書。

的？顯然，我們不能透過高倍天文望遠鏡，也不能透過任何科學的儀器得知它們的存在，因為它們根本和我們沒有任何時空的關聯。顯然，它們的存在只是理論上的

副本 counterpart

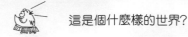

假設，但這樣的假設卻與這個世界中的任何事件都沒有時空與因果的關聯，因而既無法以我們實際的經驗來檢證，也無法以我們實際的經驗來駁斥。再者，如果這個世界中的我與別的世界中的我並不是同一個人，為什麼我要擔心我「可能」會變成一個禿頭呢？為何我要擔心我「可能」會得老花眼呢？為何我要擔心我的任何「可能」呢？畢竟，我的任何可能只是某個世界中某個很像我的副本的不幸境遇而已；為什麼我要擔心這些人的境遇呢？

住在不同的世界裡

住在不同的世界裡

這樣看起來，承認有許多「世界」的想法，雖然在常識上自然，卻有一些明顯的困難。除了我們提過的困難以外，模態實在論中的真實論似乎還有一個缺點：它和我們在常識上一個牢不可破的看法互相牴觸。

有個定律叫做萊布尼茲定律。根據萊布尼茲定律，同一個東西一定會有完全相同的性質。比方來說：馬英九和小馬哥是同一個人，因而根據萊布尼茲定律，「他們」一定會有相同的性質：如果馬英九是臺北市市長，小馬哥亦然；如果小馬哥有馬迷俱樂部，馬英九亦然等等。這個定律相當符合常識吧！萊布尼茲定律的另外一種說

萊布尼茲（Leibniz, 1646～1716）德國理性主義哲學家。知識淵博，是當時歐洲學術界名人。和牛頓分別是微積分的發明人，哲學上則以單子論著稱。傳說他非常醉心中國文化，尤其是《易經》的思想。

法是：具有不同性質的東西一定不會是同一個東西。比方來說，馬英九是現任的臺北市市長，但陳水扁不是，因而根據萊布尼茲定律，他們一定不會是同一個人。直覺上來講，萊布尼茲定律似乎是一個沒有問題的定律，而幾乎所有的哲學家都接受它。

問題是，真實論者還相信同一個東西可以存在在不同的世界中。比方來說，當真實論者說**身高 180 公分**是馬英九的一個偶有性質時，這意味著，雖然馬英九在現實世界 @ 中身高 180 公分，但「他」在別的世界裡卻非如此。不幸的是，這樣的說法似乎會和萊布尼茲定律相牴觸。為什麼呢？假設馬英九在某一個世界 w 中身高不到 180 公分，由於 w 中的小馬哥只是 @ 中的小馬哥的一個可能性而已，所以他們根本就是同一個人。問題是，@ 中的小馬哥和 w 中的小馬哥有著不同的性質——前者具有**身高 180 公分**這個性質，而後者則否——因而根據萊布尼茲定律，這兩個人並不是同一個人。因此，如果我們允許同一個東西可以存在在不同的世界中，那麼，我們似乎必須承認：兩個具有不同性質的東西可以是同一個東西——但這明顯牴觸了萊布尼茲定律！如果我們進一步假設 @ 中的小馬哥是具體的人，而 w 中的小馬哥則是個抽象的人，這樣的假設同樣明顯牴觸了萊布尼茲定律！

跨世界等同

但事情還不止於此，真實論者似乎還會面臨另一個更麻煩的跨世界等同的問題。為簡單敘述起見，讓我們假設 @ 中的小馬哥具有**高、帥、斯文、強壯**這四個性質。無疑的，@ 中的小馬哥並不是非得具有它們不可；他可能長得比實際上矮小許多。而這對真實論者來說意味著，@ 中的小馬哥會在某個世界 w_1 中是矮、帥、斯文而強壯。

現在，讓我們看 w_1 中的小馬哥，雖然他具有**矮、帥、斯文、強壯**這四個性質，但無疑的，他也並不是非得具有它們不可；他可能（比方說，如果他曾經做過美容手術失敗）長得比實際上醜陋許多。而這對真實論者來說意味著，w_1 中的小馬哥會在某個世界 w_2 中是矮、醜、斯文而強壯。

但如果我們按照類似的推論繼續下去，我們將會發現：對真實論者來說，w_2 中的小馬哥會在某個世界 w_3 中是矮、醜、粗魯而強壯，而後者又會在某個世界 w_4 中是矮、醜、粗魯而瘦弱。問題是：對真實論者來說，@ 中的小馬哥＝w_1 中的小馬哥＝w_2 中的小馬哥＝w_3 中的小馬哥＝w_4 中的小馬哥。但 @ 中的小馬哥與 w_4 中的小

馬哥幾乎沒有相似之處,為什麼他們還會是「同一個人」呢?甚者,如果 w_4 中存在著另外一個高大、帥氣、斯文、強壯,在各方面都像小馬哥的男人,為什麼這個男人不是 @ 中的小馬哥,而 w_4 中的小馬哥才是呢?

有副本的好處

相對地來說,可能論者似乎不會牴觸萊布尼茲定律,也不會遭遇這個叫做「跨世界等同」的問題;而這是因為根據可能論,w 中的小馬哥只是 @ 中的小馬哥的一個副本而已,他們並不是「同一個人」。由於他們並不是同一個人,所以他們有不同的性質,也就沒什麼好奇怪的了。同樣地,對可能論者來說,每一個世界中的小馬哥都只是前一個世界中小馬哥的副本而已。作為副本,w_1 中的小馬哥必須很像 @ 中的小馬哥,而 w_2 中的小馬哥也必須很像 w_1 中的小馬哥等等。但「很相似」並不是一種傳遞的關係:如果你長得很像你的父親,而你的父親長得很像你的祖父,你未必會長得很像你的祖父。因此,w_2(以及 w_3 和 w_4)中的小馬哥不必然很像 @ 中的小馬哥,因而不必然是 @ 中的小馬哥的一個副本,也沒有兩者等不等同的問題。

雖然可能論者可以巧妙地解決這些問題,但我們看

@　　高帥斯文強壯

W₁　　矮帥斯文強壯

W₂

矮醜斯文強壯　　W₂

矮醜粗魯強壯　　W₃

W₄　　矮醜粗魯瘦弱

到，它們對可能世界的看法卻令許多人退避三舍。問題是：如果真實論者有許多的問題待克服，而可能論者的世界觀又令人望而生畏，那麼，除了模態實在論之外，我們還有什麼其它的選擇？

尾　聲

這個問題的答案可能不只一個，而其中一個可能的看法是：完全否認「可能世界」或「現實世界的可能情形」這類東西的存在。這樣的一個觀點，通常被稱為模態論。問題是，如果我們不再接受「世界」或「現實世界的可能情形」這類的東西，我們就再也沒有理由去使用它們來作出決策與評斷，區分必然語句和偶然語句，區分本質性質和偶有性質，以及辨別涉及「可能」、「必然」等語詞的論證的好壞了。堅持模態論不但使我們喪失了使用這些工具的理由，也使得這些工具為何有用這件事變得神秘起來了。不過，有關這整件事的討論其實十分專技而且複雜，所以我們決定到此為止，待他日再討論。

▶模態論 (modalism)：否認有許多可能世界，也否認「可能世界」概念的必要性。

8 哲學家的上帝和魔鬼

~必然的存在物~

上帝

魔鏡你說，
誰才是最完美的
存在呀？

魔鬼

證明上帝存在，對中世紀哲學家來說可能很重要。在歐洲黑暗中古時期，教會的權力大到可以和世俗政權分庭抗禮，因而對教會的權力提供一個合理化的基礎，就變成一件重要的事了。但現代哲學家之所以對上帝存在的問題感到興趣，則多半只是為了探討是否有「必然的存在物」、「沒有其它原因的原因」（第一因）、或「獨立自存的存在物」這一類的東西。對大部分當代哲學家來說，「神」或「上帝」不過是「最完美的事物」或「必然的存在物」的代名詞罷了；哲學家這種對神或上帝屬性的看法，未必符合任何一種現存宗教的教義。

迷人的玩笑

迷人的玩笑

　　談到上帝存在的論證，當數 11 世紀哲學家安森的本體論論證最為著名。安森企圖證明：否認上帝的存在將會導致矛盾；因此，上帝不可能不存在。但安森的證明很快便受到他之後哲學家的攻擊，並且在兩百年後被聖多瑪斯宣告是個壞論證。雖然大部分的哲學家同意聖多瑪斯的論斷，但由於這個證明實在吸引人，19 世紀的

安森（Anselm, 1033～1109）出生於義大利的英國哲學、神學家。曾經協助西敏寺合約的簽定，以確保教會不受政治干預。在哲學上，以證明上帝存在的論證最為著名。

▶本體論論證 (ontological argument)：從上帝的本質來證明上帝存在的論證方式。

笛卡兒 (R. Descartes, 1596～1650) 法國哲學、數學家。他是啟蒙運動與理性主義哲學的代表人物，在哲學上以懷疑方法論著稱。著有《沉思錄》等書。他的名言是：「我思，故我在。」

德國哲學家叔本華還因此笑稱它是一個迷人的玩笑。

　　安森的本體論論證，結構有點複雜，解說起來也相當麻煩。在他之後約五百年，笛卡兒另外提出了一個結構上比較簡單的論證。現在一般哲學上所謂的「本體論論證」，通常指的就是笛卡兒所提出的那個迷人的玩笑，而非安森的原始論證。現在就讓我們看看，笛卡兒那個迷人的玩笑到底是怎樣開的：

上帝，或最完美的事物，具有一切完美的性質。

存在是一種完美的性質。

因此，上帝具有**存在**這個性質；

或者說，上帝存在。

首先，笛卡兒告訴我們，所謂「上帝」或「最完美的事物」，就定義上來說，指的是「具有一切完美性質的事物」。比方來說，如果**具有無限的能力**是一種完美的性質，那麼，最完美的事物必然具有無限的能力。同樣地，如果**具有無上的智慧**是一項完美的性質，那麼，最完美的事物也必然具有無上的智慧。但笛卡兒接著告訴我們，像上帝這樣的事物，如果存在著，當然比不存在來得更完美；換句話說，就存在這一方面來說，存在才是完美，不存在則否。既然上帝具有一切完美的性質，而就存在這一方面來說，具有**存在**才是完美；因此，上帝當然具有**存在**這個性質；換句話說，上帝存在。

看到沒？
笛卡兒說我是最完美的存在！

篤信上帝的笛卡兒並沒有把這個論證當作是「玩
笑」；相反地，他極為嚴肅地將它看作是有關上帝存在的
明確「證明」。不過，稍微想想，我們不難看出，如果笛
卡兒這個有關上帝存在的論證是個好論證，那麼，下面
這個有關撒旦存在的論證，應該同樣是一個好的論證：

> 　　撒旦，或最恐怖的事物，具有一切恐怖的性質。
> **存在**是一種恐怖的性質。
> ――――――――――――――――――――――――
> 　　因此，撒旦具有**存在**這個性質；
> 或者說，撒旦存在。

首先，所謂「撒旦」或「最恐怖的事物」，就定義上來說，
指的是「具有一切恐怖性質的事物」。比方來說，如果**長
得醜陋無比**是一種恐怖的性質，那麼，撒旦必然是醜陋
無比。同樣地，如果**具有無比邪惡的心思**是一種恐怖的
性質，那麼，撒旦也必然是無比的邪惡。而且像撒旦這

嗯！所以⋯
他的論證是錯誤的！

這是個什麼樣的世界?

樣的事物,如果存在著,當然比不存在來得更恐怖;換句話說,就存在這一方面來說,存在才是恐怖,不存在則否。既然撒旦具有一切恐怖的性質,而就存在這一方面來說,具有**存在**才是恐怖;因此,撒旦當然具有**存在**這個性質;換句話說,撒旦存在。

太搞笑了吧!

聰明的讀者可能很快就發現,不僅上帝和撒旦的存在,可以藉由這樣的本體論論證「證明」出來,幾乎任何我們確實知道它們不存在的離譜事物,也都可以藉由這樣的論證「證明」它們的存在。為了看出這一點,讓我們稱下列這些性質為搞笑的性質:**有七隻腳、有六個頭、有八張嘴、一出生就懂相對論、智商低於 0.5** 以及**存在**。並且讓我們稱具有一切搞笑性質的事物為「最搞笑的事物」或「搞笑大王」。於是,下面這個有關搞笑大王的本體論論證,可以讓我們簡單結論出搞笑大王存在:

搞笑大王,或最搞笑的事物,具有一切搞笑的性質。

存在是一種搞笑的性質。

因此,搞笑大王具有**存在**這個性質;

或者說,搞笑大王存在。

搞笑大王的例子顯示出：笛卡兒的本體論論證絕對不會是一個好論證。因為，上述這幾個論證的形式是完全相同的。然而，有關搞笑大王的結論實在太搞笑，因此，笛卡兒的本體論論證也絕對好不到哪裡去。

存在的奧秘

存在的奧秘

不過，有能力看出一個論證的好壞是一回事，能不能夠指出它的錯誤所在，則是另外一回事。之前的討論顯示，笛卡兒的本體論論證是個壞論證。但那個論證的錯誤之處在哪裡呢？德國哲學家康德認為，「存在」這個詞根本就不代表任何的性質，因而本體論論證所犯的錯誤，就在於暗中假設有**存在**這樣的一種性質。如果康德的看法是對的，當然笛卡兒就再也不能說：「**存在**是一種完美的性質」了，因而不能繼續推論出上帝的存在。但問題是，為什麼「存在」這個詞不代表任何的性質呢？又，怎樣的詞才代表一種性質呢？

康德認為，如果「F」這個詞代表一個真實的性質 **F**，那麼，當我們說某事物是「F」時，我們就的確對這個事

康德（I. Kant, 1724～1804）德國傑出的哲學家。著有《實踐理性批判》、《判斷力批判》等書。哲學思想以先天範疇說最為著名。傳說中他的生活極其規律，他的鄰居只要看到他出來散步，就知道是幾點鐘了。

物有所描述，而知道「它是 F」也會增加我們對它的認識。以這個標準來看，「方的」這個詞代表一種性質，因為，當我們說某個白色的東西是「方的」時，我們的確對該事物有所描述，並且這樣的描述會擴充我們對它的認識。但康德告訴我們，「存在」這個詞並不代表一種性質，因為，假設我們已經知道有某個東西是白色的，然後我們說那個東西「存在」，在這個情形下，我們對該事物的描述或知識並不會增加任何一點點；因為，康德說，說「有某個東西是白色的」，就已經是在說「有某個『存在的』東西是白色的」了。因此，再說一次它「存在」，並不會增加對該事物的描述，也不會增加任何一點有關它的知識。因此，「存在」這個詞並不代表一種性質。

　　並不是所有的哲學家都同意康德的看法，比方來講，第 6 章提到的麥農學派就一定會大聲抗議說：說「有某個東西是白色的」，並不等於說「有某個『存在的』東西是白色的」。他們同時還會指出，有些時候，當我們說有某個東西「存在」時，我們的確擴充了對該事物的認識。

比方來講，如果我指著你房間中的外星人畫像對你說：
「它不僅圓滾滾的很可愛，而且，告訴你一個秘密，它
的確存在。」如果我是一個從來不說謊的人，你一定會被
你剛聽到的話嚇了一大跳。

　　況且，就算我們接受康德的標準，就算我們同意「存
在」這個詞不代表一種性質吧！基於同樣的標準，康德
似乎還是得說，至少「必然存在」這個詞代表一種性質。
因為，說某個白色的東西「必然存在」，不僅是說它「存
在」而已，而且還說它「不可能不存在」、「它的存在不
是偶然」，因而這樣的描述會增加我們對它的認識。但如
果「必然存在」這個詞代表一個性質，那麼，利用下面
這個「改良版」的本體論論證，笛卡兒仍然可以證明出
上帝的存在：

　　　上帝，或最完美的事物，具有一切完美的性質。
　　　必然存在是一種完美的性質。
　　　_____
　　　　　因此，上帝具有**必然存在**這個性質；
　　　　　　　因此，上帝存在。

首先，所謂「上帝」或「最完美的事物」，就定義上來說，
指的是「具備一切完美性質的事物」。但這樣的事物，如
果必然存在著，當然比單單存在或不存在來得更完美；

換句話說，就存在這一方面來說，必然存在才是完美。既然上帝具備一切完美的性質，而就存在這一方面來說，必然存在才是完美，因此，上帝當然具有**必然存在**這個特質；換句話說，上帝必然存在。而且所有必然存在的東西都實際上存在；因此，上帝實際上存在。

問題是，雖然笛卡兒可以利用這個改良版的論證去反駁康德，我們同樣也可以利用改良版的推論模式，得到「撒旦（必然）存在」以及「搞笑大王（必然）存在」的結論來。這樣的結果顯示出，這個改良版的本體論論證與原版一樣，都只是一些壞的論證罷了。因而原版論證的問題所在，似乎並不在於（或不只在於）錯把「存在」代表性質。這個討論同時也顯示出，雖然貴為大哲學家，康德終究還是搞錯了「本體論論證」的錯誤之處。

謎底揭曉

笛卡兒「本體論論證」的錯誤其實很簡單：它是歧義的；它是一個沒有問題的論證與另一個有問題論證的詭異混合，因而製造出迷人的假象。它之所以是歧義的，是因為它的第一個前提──最完美的事物具有一切完美的性質──以及結論──最完美的事物存在──有兩種不同的解讀方式。首先，我們可以將這個前提解讀為：

「如果有某一個事物是最完美的，則祂具有一切完美的性質。」在這樣的解讀下，對結論的最自然解讀是「如果有某一個事物是最完美的，則祂存在」，而整個的本體論論證則變成下面這個沒有問題的論證：

如果某一個事物是最完美的，則祂具有一切完美的性質。

存在是一種完美的性質。

因此，如果某一個事物是最完美的，則祂存在。

這樣解讀後的論證是沒有問題的，這就好像下面這個有關孫悟空的論證也是沒有問題的一樣：

如果有某一個東西是孫悟空，則他可以七十二變。

「變出許多分身」是七十二變之一。

因此，如果有某一個東西是孫悟空，則他可以變出許多分身。

不過，這樣解讀後的論證雖然本身沒有問題，但它卻最多只證明了：「如果」有一個事物是最完美的，則這樣的事物是存在的。它並沒有證明出：「的確有」這樣一個最完美的事物存在著。同樣地，上面那個有關孫悟空的論證雖然可信，但它最多也只證明了：「如果」有某一個東西是孫悟空，則他可以變出許多分身。它同樣沒有證明

出：「的確有」這樣一個會七十二變的猴子存在著。

　　但笛卡兒本體論論證的第一個前提還有另一種解讀方式：「存在著一個最完美的事物，祂並且具有一切完美的性質。」在這樣的解讀下，對結論的最自然解讀是「存在著一個最完美的事物」，而整個的本體論論證則變成下面這個有問題的論證：

存在著一個最完美的事物，祂並且具有一切完美的性質。

存在是一種完美的性質。

因此，存在著一個最完美的事物。

這個論證的問題出在，它的第一個前提的左半邊就已經

「迷人的玩笑」配方：
①把第一個前提依可信的方式去理解；
②再將結論依有問題的方式去解讀；
③烘焙廿分鐘；
④於是，一個看起來沒有問題、但總讓人覺得怪怪的「迷人的玩笑」便出爐了。

假設了我們想要證明的結論！我們原希望笛卡兒會提出些好理由讓我們去相信上帝的存在，但令人失望的是，在這樣的解讀下，他所提出的唯一理由竟然只是：「祂就是存在著！」

　　現在，讀者們應該很清楚，笛卡兒迷人的玩笑究竟是怎麼開的了吧！

　　不管是原版的還是改良版的本體論論證，如果我們依第一種方式去解讀它們，雖然它們會因此變得可

信，但卻不能結論出上帝的存在；而如果我們依第二種方式去解讀它們，雖然它們可以結論出上帝的存在，但整個的證明卻是有問題的。本體論論證似乎是巧妙地混合了這兩種解讀之後的變形產品，因而給人一種神奇而又令人困惑的表象。這樣的混合結果，其實只產生了一個無效的壞論證；只不過由於它剽掠了第一種解讀的可信度的緣故，因而看起來仍然相當迷人。

仔細想想下面這個論證：

完美的上帝是不可能的。因為，要成為完美的事物，祂必須是萬能的，但沒有任何東西可以是萬能的。萬能的上帝要嘛能夠創造出一顆自己擡不起來的石頭，要嘛祂辦不到。如果祂辦不到，祂當然不是萬能的。但如果祂果真能夠創造出一顆自己擡不起來的石頭，那麼，祂

也不會是萬能的;因為,這樣一來,就會有一顆石頭是
祂擡不起來的。

你覺得這個論證有什麼樣的問題嗎?

兩種區分

我們對本體論論證的討論就到此為止,以下我們討
論另一種上帝存在的論證類型:宇宙論論證。在進行討
論宇宙論論證之前,讓我們先將存在的事物,依兩種不
同的方式加以區分。依據第一種區分方式,存在的事物
可以分為偶然的存在物和必然的存在物兩種。偶然的存
在物是可能存在,但也可能不存在的東西;它們的存在
不是非得如此不可。相對於此,必然的存在物則不可能
不存在,它們在任何可能的情形下都存在。

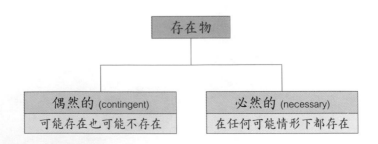

舉例來說，我眼前現在有一臺電腦。但這臺電腦並不是非得存在不可；如果製造商不去製造它，它就不會存在，更不會出現在我的眼前。同樣地，我的窗外有一棵瘦高的木棉樹。但這棵木棉樹也不是非得存在不可；如果它的種子在萌芽階段時，就因為缺乏適當的水分或養分而夭折，那麼，這棵樹就不會存在，更不會出現在我的窗外。因此，我眼前的電腦以及窗外的木棉樹，都是所謂的偶然存在物。至於是不是真的有必然的存在物？哲學家們則有不同的看法。笛卡兒本體論論證中的神或上帝，如果真的存在的話，通常會被認為是這種必然存在物當中的一個。（而其它常被認為是必然存在物的，還有集合、數字、命題，以及第 2 章中所說的共相。不過，為了討論簡單起見，讓我們專注在上帝身上。）

　　依據第二種區分事物的方式，存在的事物可以區分為依附的存在物和獨立自存的存在物兩種。依附的存在物，是依賴其它東西才得以存在的事物；而獨立自存的

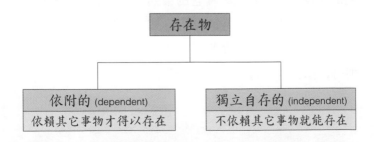

存在物，則是不依賴其它東西而可以單獨存在的事物。

再以之前的電腦和木棉樹為例，它們的存在依賴像工程師、水、土壤以及陽光等之類的東西，所以它們都是依附的存在物。至於是不是真的有獨立自存的存在物？哲學家們同樣有著不同的意見。基督教中的神或上帝，如果真的存在的話，通常會被認為是獨立自存的存在物；而這是因為，在基督教的看法中，一切事物都依賴神的存在才得以存在，而神則由於祂本身不可能不存在，所以自己就是自己存在的原因。

上述這兩種區分事物的方式有一定的關聯，但並不完全重疊。從之前電腦和木棉樹的例子來看，偶然存在物之所以能夠存在，「似乎」都是由於其它事物的緣故。如果這個現象是普遍的，那麼，我們就可以說，所有偶然的存在物也都是依附的存在物（不過，稍後我們將對這一點存疑）。但反之則不然。比方來講，如果上帝是必然的存在物，那麼，祂的美德也必然存在。不過，雖然上帝的存在不需要依附其它的東西，祂的美德卻是因為上帝的存在才得以存在。所以，如果真的有必然存在物的話，則有些必然存在物是獨立自存的，如上帝，有些則否，如祂的美德。

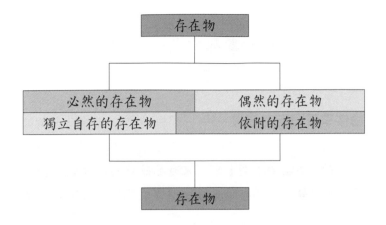

為了方便以下的討論，從現在起，我們將任何一個必然存在、而又獨立自存的存在物稱為「神」或「上帝」。如果這世界上有好幾個必然存在、而又獨立自存的存在物，那麼，我們就說這世界上有許多的「神」或「上帝」。

每件事都有它的道理

每件事都有它的道理

回到宇宙論論證上來。萊布尼茲認為，天底下每件事之所以如此，都有它充分的理由或解釋。天空之所以是藍的，有它充分的理由或解釋；人類之所以會有兩個鼻孔，也有它充分的理由或解釋。簡單地說，每一個以「為什麼」開始的問題，都有一個充分的理由或解釋，問題只在於我們知不知道而已。萊布尼茲的這個看法，通常被稱為充分理由原則。萊布尼茲認為，從這個充分理由原則，我們可以推論出上帝或神的存在。而這個推論，也就是所謂的「宇宙論論證」。不過，嚴格地說起來，為了要證明上帝的存在，我們只需要下面這個「狹義的充分理由原則」就夠了：每個存在的事物之所以存在，都有它充分的理由或解釋。

從之前我們對存在物所作的區分與說明，讀者應該不難看出這個狹

▶充分理由原則 (the principle of sufficient reason)：每個事實都有充分的理由或解釋，來說明為何如此。

▶狹義的充分理由原則：每個事物之所以存在，都有它充分的理由或解釋。

198

義的充分理由原則背後所蘊藏的道理：偶然的存在物，由於它們可能存在也可能不存在，因而它們的存在似乎總得訴諸於它們之外的其它事物。至於必然的存在物，如果真的有的話，則它們當中有些（如上帝的美德）之所以存在，必須訴諸於其它的必然存在物，而有些（如上帝）則自己就是自己存在的理由或解釋。因此，無論是什麼樣的存在物，如果它真的存在，那麼，它的存在就會有個充分的理由或解釋，而這就是所謂的「狹義充分理由原則」。

要請讀者注意的是，我們之前對存在物所作的區分，並不會迫使我們去接受「有必然的存在物」這樣的看法，也不會迫使我們去接受「有獨立自存的存在物」這樣的看法，那樣的區分最多只告訴我們說：「如果」真的有這些東西的話，則它們會有如何如何的性質。但萊布尼茲相信，如果我們接受狹義的充分理由原則，那麼，我們就會被迫去接受神或上帝的存在。為什麼呢？

解釋之鏈的終點

以下就是為什麼。讓我們稱所有偶然（並因而是依附的）存在物的總和為「俗世」，並且讓我們問這個「俗世」是哪一類的事物？仔細想想，這個俗世不像是一個

獨立自存的必然存在物。因為，所謂俗世，無非就是所有偶然（並因而是依附的）存在物的總和。每一個偶然的存在物都可能存在也可能不存在，而它們的總和，也就是這個「俗世」，似乎也是如此。同樣地，每一個依附的存在物都依賴其它的事物才得以存在，而它們的總和，也就是這個「俗世」，似乎也是這樣。

根據狹義的充分理由原則，這個俗世的存在有一個充分的理由或解釋。但由於俗世只是一個偶然的存在物，而偶然的存在物也都是依附的存在物，所以，這個理由或解釋必定訴諸於俗世自身以外的事物。因此，如果俗世只是一個偶然的存在物，那麼，有關它存在的理由或解釋便只有兩種可能：(a)在這理由中，我們訴諸於一個獨立自存的必然存在物；或者(b)我們訴諸於一個偶然的或依附的存在物。如果(a)是實際的情形，那麼，這個世界當中就至少有一個獨立自存的必然存在物，而萊布尼茲有關神的證明也就完成了。但如果(b)是實際的情形，那麼，我們還可以接著問，這個俗世之外的原因之所以存在的理由或解釋又為何呢？而如果我們不停地繼續這樣問下去，我們將會發覺，有關於俗世存在的理由或解釋，只有兩種可能：(1)俗世的存在有它自身以外的理由或解釋，後者又有它自身以外的理由或解釋，後者又有它自身以外的理由或解釋，⋯⋯如此以至於無窮，而每

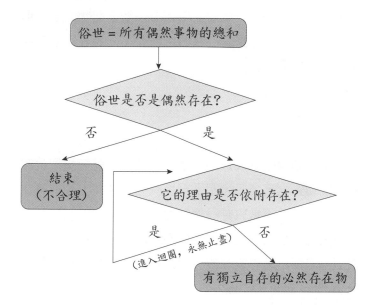

一個理由或解釋都訴諸於某些偶然的存在物或依附的必然存在物；或者(2)有關俗世存在的理由或解釋之鏈，最後終將停留在某一個獨立自存的必然存在物之上，而這個必然的存在物就是它自己存在的理由或解釋。

　　但仔細想想，(1)不是一個合理的選擇。為什麼呢？因為,如果這個俗世存在的理由或解釋之鏈是無窮盡的,那麼,將沒有人可以對這個俗世的存在給予「充分」的理由或解釋。所以,有關俗世存在的理由或原因之鏈,

最後終將停留在某一個獨立自存的必然存在物之上。但如此一來，萊布尼茲說，我們也就有了一個有關上帝或神存在的證明了。

是上帝還是魔鬼？

宇宙論論證令人覺得失望的一點是：就算這個論證真的成功，它最多只證明了至少有一個神或上帝的存在而已。至於是不是只有一個？還是有許多個？這些神或上帝是完美的呢？還是邪惡的呢？還是極其搞笑的呢？這個論證則一點都沒有說。這或許是這個論證在哲學史上不如本體論論證受到重視的原因吧！

除此之外，宇宙論論證還有幾個倍受爭議的地方。首先，「所有偶然的存在物都是依附的存在物」這件事，並不像它表面上看起來這樣沒問題。如果「俗世」自始自終便存在著，那麼，即使它是偶然的存在物，它似乎也不需要依賴其它事物就可以存在。其次，偶然事物的總和未必也是偶然的存在物，而依附事物的總和也

▶謬誤：指的是日常推論中常犯的錯誤。謬誤的種類有很多，而所謂「合取謬誤」(the fallacy of composition) 指的是這樣的一種錯誤推論：從每個東西都具有一定的性質 **P**，推論說它們的整體也會具有這樣的性質 **P**。

我的每一根羽毛都很美，所以我很美！

未必是依附的存在物。這就好像我們不能從班上每個同學都只有兩條腿，就推論說他們的總和也會只有兩條腿，是一樣的道理。將各部分有的屬性不加思索地便推論到全體上，這正是批判思考學中所謂的合取謬誤。最後，認真算起來，「俗世」似乎並不是所有偶然存在物「之外」的另一個東西：「它」只是它們的總和而已。因此，說俗世需要一個「它」之外的理由或解釋，其實有點誤導人。但如果「俗世」並不是所有偶然存在物「之外」一個額外的東西，那麼，下圖告訴我們：「每個偶然的存在物都有它自身之外的理由或解釋，但卻沒有必然存在物」這件事，其實是可能的：

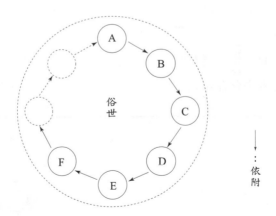

尾　聲

　　聖多瑪斯曾經有一個類似宇宙論論證的論證，通常被稱為第一因論證。這個論證可以簡單地描述如下：每一個事物的生成都有其原因，但這個原因之鏈不可能無窮無盡，因此，一定會有一個沒有原因的「第一因」，而這也就是「神」。不用說，前一個段落中對宇宙論論證的許多批評，稍加修改同樣可以用來批評這裡的第一因論證吧！

　　在這一章裡，我們檢查了幾種著名的、有關上帝（最完美的事物、獨立自存的必然存在物、第一因）存在的論證；我們的結論是：它們其實都有問題。這是不是意味著說：上帝是不存在的？當然不是！這就好比說，就算沒有人提出過有關外星人存在的證明，這也不表示說外星人不存在，是一樣的道理。是不是所有有關上帝存

聖多瑪斯（St. Thomas Aquinas, 1225～1274）出生於義大利的神學哲學家。哲學思想以形上學及有關上帝存在的「五路論證」最為著名。第一因論證 (first cause argument) 即是其中的第四路。

哲學家的上帝和魔鬼

在的論證，都像這裡所顯示的論證一樣，是明顯地有缺陷的？未必見得！近幾年來，有些哲學家提倡一種號稱為模態本體論論證的上帝存在證明，它的內容就比我們這裡所看到的論證，都來得有趣而可信得多。但由於這個論證有它專技和複雜的部分，所以，我們不在這裡說明。有興趣的讀者可以參考因維根所著的《形上學》一書第 6 章。

因維根 *P. Inwagen*　形上學 *Metaphysics*

9　這是個矛盾的世界

～雙面真理～

1996 年《紐約時報》一幅四格漫畫的內容是這樣的:
「菸屁股先生」趴在臀科醫生的診療椅上,醫生問說:

> 菸屁股先生,近來好嗎?

菸屁股先生回答說:

> 不太好! 最近我們菸草公司決定化解一樁
> 控訴公司的官司;公司最後的做法是: 出
> 資贊助反菸運動。你相信嗎,我們竟然花
> 錢叫別人不要買我們的產品!

醫生說:

> 哇! 這……這……這實在太矛盾了!

菸屁股先生幽幽地說:

> 幸好我主修哲學,專門對付矛盾的。

矛盾不是什麼?

說哲學家是「專門對付矛盾的」,實在是一個誤會(而說哲學家是專門「製造」矛盾,則是一種侮辱。)很多哲學家認為矛盾根本不可能存在;而如果矛盾根本不存在,當然我們也就無需去「對付」它們。但我們首先要問的問題是:什麼是哲學家所說的「矛盾」?

在日常生活中,有許多的事情可以被說成是「矛盾」。比方來說,有些人經常倡導遵守交通規則的重要,但他們自己卻常常闖紅燈;或在牆上貼了一張公告,告訴大家「不可在此張貼公告」等等。這種「矛盾」是很多人常犯的毛病,也是這個不完美世界的真實現象,但這種「A 應該做 P,卻沒去做 P」、或「A 不應該做 P,卻偏偏去做 P」的情形,並不是哲學家所說的「矛盾」。

類似的,當一個人實際行動的效果牴觸他的目的時,我們也會說他的行為和想法是「矛盾」的。比方來說,有些父母用打罵兒女的方式,希望兒女能夠體會父母的愛心,但我們知道這樣的做法往往適得其反。這種「A 希望 P,卻做出非 P」的現象,也不是哲學家所說的「矛盾」。

另外,當兩個人或兩個團體之間意見不一致、或所追求的目標彼此排斥時,我們也會說在他們之間存在著

「矛盾」。比方來講,有些人可能會說,在人民企求節稅與政府希望增加社會福利支出之間,存在著「矛盾」;他們也可能會說,當 A 希望當選總統,而他的競爭對手 B 卻希望 A 落選的時候,A 和 B 之間便存在著「矛盾」。但再一次地,「A 希望 P,與 B 不希望 P」,並不是哲學家所說的「矛盾」。

最後,當我們從不同的角度看待同一件事物時,我們可能會發覺,同一件東西似乎會有不同的、甚至不相容的特性。比方來說,當我們從生命歷程的起點看待一個新生命時,我們可以說這個生命「才剛開始」,但如果我們從生命歷程的終點來看待它,我們則可以說它「已經逐漸死亡」。再比方說,同樣的一個杯子,當我們從佔據空間與否的角度去看待它的內部時,我們可以說它的中間是「空無一物」,但如果我們從它可以裝盛液體的角度去看它,我們則可以說它是「有器之用」。這個時候,我們也許會說,有關這個新生命或杯子的事實是「矛盾的」,但這種「A 在某一方面是 P,在另一方面則不是 P」的現象,仍然不是哲學家所說的「矛盾」。

矛盾是什麼?

那麼，哲學家所說的「矛盾」到底是什麼?!

要瞭解哲學家所說的「矛盾」究竟是什麼，我們不妨先看看亞里斯多德在《形上學》一書中所提出的、一個有關這個世界的定律：

> (NC) 不可能有任何一個東西，同時在同一方面既是如此又不是如此。

亞里斯多德所提出的這個定律，一般又稱為非矛盾律 (NC)。這個定律的另一個說法是：「不可能有任何的矛盾存在」。在這裡，矛盾一詞明顯指的是：同一個東西，同時、在同一方面既是如此，又不是如此。

因此，當哲學家說某一件事情是矛盾時，他們的意思是：「某個東西 A（在某一方面）是 P，但也同時（在同一方面）不是 P」。對哲學家來說，相信這種形式的句子為真，就是相信「矛盾」；而斷說這種形式的句子為真，也就是犯了「矛盾」。因而，亞里斯多德的「非矛盾律」實際上說的是：不可能有任何一個「A 是 P，卻又同時不是 P」的句子會是真的。

使用這個標準，我們很容易看出來，為什麼前面所給的例子都不是哲學上所說的「矛盾」。「A 應該做 P，卻沒去做 P」不是矛盾；因為，「應該做 P」與「沒去做 P」並不是互相否定的特性（而「應該做 P」與「不應該做 P」就是互相否定的）。同樣地，「A 希望 P，卻做出非 P」也不是矛盾；因為，「希望 P」與「做出非 P」也不是互為否定的特性（而「希望 P」與「不希望 P」就是互相否定的）。「A 在某一方面是 P，在另一方面則不是 P」同樣不是矛盾；因為，A 並不是在「同一方面」具有互相否定的特性。其它的例子，讀者可以依此類推。

東西方各有聖人

不矛盾的亞里斯多德

亞里斯多德認為，「非矛盾律」是有關這個世界的真實法則，他並且提出了許多的論證去辯護它。但如果我們仔細看看那些論證，我們可能會大皺眉頭。亞里斯多德的目標是要論證說：「不可能有任何的矛盾為真」。但他大部分論證的結論卻只是：「不可能『所有的』矛盾都為真」。這就好像一個人想要證明「不可能有任何一個人

是完美的」，卻只證明了「不可能所有的人都完美」是一樣的。這樣的「證明」，可以說是一點說服力都沒有！而在亞里斯多德所有的論證當中，唯一一個結論是「不可能有任何的矛盾為真」的論證，讀起來則又玄奧古怪、難以理解，讓人有如墜五里霧之感。所以，純粹從論證的文字來看，我們很難理解為什麼亞里斯多德會認為，「非矛盾律」是一個應該被接受的定律。

　　但不管亞里斯多德對「非矛盾律」的辯護是否成功，從亞里斯多德以後，「非矛盾律」無疑已經成為西方哲學思想的一個核心教條，並且成為當代邏輯裡的一個基本主張。在西方哲學漫長的歷史中，不僅沒有幾個人曾經想去挑戰這個定律，也沒有太多人認為它需要進一步的辯護。

▶非矛盾律 (the law of non-contradiction)：有時又被稱為「矛盾律」。這定律說的是，「A 是 P」和「A 不是 P」不可能同時都為真。這個定律應該與排中律 (the law of excluded middle) 區分開來，後者說的是，上述這兩個句子中一定至少有一個是真的。

也許亞里斯多德是這樣想的：「如果有任何的矛盾可能為真，那麼，讓這個矛盾為真的理由就會適用在其它的矛盾上，因而其它的矛盾就會都基於相同或類似的理由而有可能為真。但如果每一個矛盾都有可能為真，那麼，就有可能所有的矛盾都為真。」不幸的是，這個論證的最後一個步驟是錯誤的：從「每一個矛盾都有可能為真」，我們不能推論說「有可能所有的矛盾都為真」；這就好像從「每一個賭徒都有可能贏錢」，我們不能推論說「有可能所有的賭徒都贏錢」是一樣的道理。

西海有聖人焉

不過，在亞里斯多德之前，有些希臘哲學家似乎認為，「非矛盾律」並不是一個普遍正確的定律。根據現存的一些斷簡殘篇，這些哲學家似乎認為，這個世界當中不只「可能」有矛盾，而且「實際上」真的存在著一些矛盾。

比方來說，根據西元前 6 世紀希臘哲學家赫拉克利圖斯的看法，這個世界中的一切事物，無一不是在變動的狀態之中（當然，除了「變動」這個原理以外）。而所謂「變動」，赫拉克利圖斯指的是：事物由「是 P」轉變為「不是 P」，或者從「不是 P」轉變為「是 P」；比如由運動轉變為靜止（不運動），或者由靜止轉變為運動。赫拉克利圖斯似乎認為，變動狀態下的事物同時既是 P 也不是 P，因而這個世界實際上充滿著矛盾。但由於赫拉克利圖斯的著作只剩下一些斷簡殘篇，有關他這方面的看法，多半只是後人的推測而已，並不完全可靠。

東海有聖人焉

在中國古代哲學家當中，也有一些人像亞里斯多德

這是個什麼樣的世界？

一樣提倡非矛盾律。比方來講，《墨子・經說上》：「辯，或謂之牛，謂之非牛，是爭彼也。是不俱當。」這意思是說：辯論必需以互相矛盾的陳述——如「A 是牛」和「A 不是牛」——來作為爭論的焦點，而這互相矛盾的陳述不可能「俱當」，也就是不可能都正確。

但似乎並不是所有的中國哲學家都認為非矛盾律是正確的。比方來講，《易經》認為「變動不居，周流六虛」，強調變化的原理宰制著宇宙萬物；而所謂「變化」，《易經》指的是「剛柔相推、闔闢往來」，也就是由是 P 轉變為不是 P，或由不是 P 轉變為是 P。這樣的看法似乎和赫拉克利圖斯的主張互相發明。而如果事實果真如此，那麼，我們還可以進一步地推論說，《易經》的作者或許也會同意：變動中的事物本身既是 P 又不是 P。

另外，如中國哲學家老子和莊子，似乎認為，至少「道」這個東西本身，是具有相反特性的事物。根據老子的《道德經》，「道」雖然是「唯恍唯惚」、無形無貌、看不見、聽不到、摸不著、「夷希微」的東西，但卻是「其中有象」，而且「其中有物」。所以，根據老子的說法，我們似乎可以說：至少「道」是既有形象、也沒形象的東西；而這等於說有些矛盾實際上是真的。莊子對「道」似乎也有相近的看法。

214

赫拉克利圖斯（Heraclitus, 540～480BC）希臘哲學家。強調世界雖在不斷變化，但變化中卻有統一的原理。他似乎也認為構成世界的最基本質料是火。有關他的著作多已散佚。	墨子（戰國魯人，479～381BC）比孔子稍晚的著名中國思想家和名學家，以社會哲學及語言哲學而著稱，著有《墨子》一書。
老子（春秋楚人，571～471BC）約早於孔子。是中國古代最傳奇的形上學思想家，其政治思想強調「無為而無不為」，著有《道德經》一書。	莊子（戰國宋人，369～286BC）中國著名的思想家，形上學思想以老子為依歸，併稱「老莊」，著有《莊子》一書，但有學者懷疑該書並非全為莊子所著。

雙面人與碎碎唸

雙面人與碎碎唸

　　值得強調的是：就算前面的這些哲學家認為「有些」矛盾是真的，他們卻沒有因此認為「所有的」矛盾都為真。當代澳洲哲學家普里斯特稱任何一個矛盾的句子為一個「雙面真理」，其中，堅持「有些」雙面真理為真的人，他稱為雙面真理論者，至於那些堅持「所有」雙面真理皆為真的人，則叫做瑣碎論者。據此前述的這些哲

學家，如赫拉克利圖斯、《易經》的作者、老子和莊子等等，充其量只能說是雙面真理論者，而非瑣碎論者。

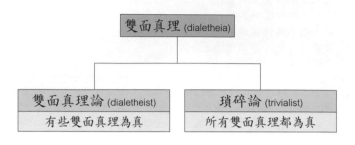

近代也有聖人焉

黑格爾（G. W. F. Hegel, 1770～1831）德國觀念論者，19世紀深具影響力的哲學家之一。哲學思想以辯證的形上學及辯證歷史觀最為著名。主要著作有《哲學百科全書》、《邏輯學》等書。

赫拉克利圖斯、《易經》的作者、老子和莊子是否真的反對「非矛盾律」？這仍然是一個有爭論的問題。但即使他們真的反對「非矛盾律」，他們的理由也不是說的很清楚，多半得靠後人從字裡行間去大膽揣測。那麼，有沒有哪些晚近的哲學家曾經明白地舉出適當的理由，去支持所謂的雙面真理論呢？這個問題

的答案是肯定的：19 世紀的黑格爾和馬克思，以及當代的澳洲哲學家普里斯特等等。以下我將以普里斯特的看法作為主要討論的對象。

根據普里斯特的看法，至少有四種不同的證據支持有矛盾或雙面真理的存在：(1)道德上的兩難困境和法律上的不一致；(2)模糊敘述詞應用上的曖昧情況；(3)變化中的事物；以及(4)語意論及集合論上的弔詭。以下我們分別就這四點，做更進一步的說明。

> 普里斯特 (G. Priest)，澳洲知名哲學家與邏輯學家，目前任教於澳洲墨爾本大學哲學系。以「超一致性邏輯」及承認有不存在東西的形上學著稱。曾於 2003 年底來臺訪問。

支持雙面人

困境與不一致

在許多需要從事道德判斷的時刻，我們會發覺自己似乎處在左右兩難的困境中。比方來講，當我們面對一個病重的親人時，我們可能會發覺自己既應該說出實情，以符合自己平時所信守的道德原則，但在同時又不應該說出真相，以免嚇壞了親人。這時，我們會說自己是處

在一個矛盾的、或道德上兩難的困境裡。這種「A 應該做 P，但又同時不應該做 P」的困境，正是雙面真理論者所說的「矛盾」或「雙面真理」。對此，雙面真理論者結論說，從我們經常面對這種道德困境的不爭事實來看，我們似乎應該說：至少有些矛盾或雙面真理是真的！

同樣地，當法律的規則彼此衝突時，我們也會發覺自己有時似乎處在「既應該做 P，但也同時不應該做 P」的法律兩難困境中。比方來講，如果我國的交通規則規定：「在十字路口時，女性駕駛者應先行」，而另一項交通規則卻規定：「在十字路口時，年長駕駛者應先行」；這時，我們可能會發覺有些男性長者經常面臨著「是否應該讓行給某些年輕女性駕駛」的困境。

當然，這些法律（或道德）上的不一致，往往可以透過有關法律（或道德）位階的規定，或「後法優於先法」的原則來加以消除。但如果這些不一致的法條係同時立法頒布施行，並且處於同一個位階之上，那麼，這樣的手段就派不上用場了。雖然，如果我們願意，我們還可以進一步以筆劃多寡、字典順序、甚至丟銅板的方式，來決定它們在應用上的先後順序。但重點是，當這樣進一步的約定不存在時，我們便會處在「既應該做 P，但又同時不應該做 P」的困境。對此，雙面真理論者會結論說，從我們經常面臨法律困境的不爭事實來看，我

們似乎也應該說：至少有些矛盾或雙面真理是真的！

既禿頭又不禿頭的人

當一個敘述詞在應用上沒有絕對清楚的範圍時，我們就說這個敘述詞是「模糊的」。日常語言當中有許多的敘述詞是模糊的，比方「禿頭」。有些人毫無疑問地是禿頭，有些人毫無疑問地不是禿頭，但也有些人「似禿不禿」，似乎說他們是「禿頭」或「不禿頭」都不太正確。

面對這些「似禿不禿」的人時，我們有兩種選擇：我們可以說他們是「既非禿，亦非不禿」，或者我們可以說他們是「既禿，但也不禿」。雙面真理論者可能會選擇後者，但他們的理由並不是很清楚的。也許雙面真理論者認為，有些東西可能在每一方面和每一種性質 P 上都是模糊的，這時，如果我們選擇說這些東西「既非 P，亦非不是 P」，那麼，我們似乎只能做出這樣結論說：「這樣的東西是沒有任何性質的。」但一個沒有任何性質的東西是無法想像的！所以，我們最好說這些東西「既是 P，但又同時不是 P」。但一旦我們這樣說，我們便得承認：至少有些矛盾或雙面真理是真的！

變動中的事物

　　無論是赫拉克利圖斯、《易經》的作者、老子、或者黑格爾，大家似乎都認為，當一個事物由 P 轉變為不是 P 時，該事物在轉變的瞬間「既是 P 也不是 P」。但為什麼要這樣說，則幾乎沒有人提出可信的理由來。比方來講，黑格爾也只是說：

　　外在、可以被知覺的運動是矛盾存在的直接例子。運動的東西之所以運動，並不是因為它在某一時刻在這裡、而在另一時刻在那裡。它們之所以運動，是因為它們在同一時刻既在這裡、又不在這裡；就「這裡」而言，它們是既在又不在。

　　但也許他們的理由是這樣的：變動中的事物要從 P

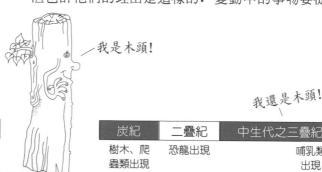

我是木頭！

我還是木頭！

石	炭紀	二疊紀	中生代之三疊紀
	樹木、爬蟲類出現	恐龍出現	哺乳類出現

過渡到不是 P，它們必須在變化的那一瞬間「既是 P 又不是 P」，否則的話，它們在那一瞬間就只能是「既非 P，亦非不是 P」。但我們剛剛說過，承認一個東西「既非 P、亦非不是 P」，會導致「沒有任何性質的東西」這樣背謬的想法。因此，它們在變化的那一瞬間必然是「既是 P 又不是 P」。如此一來，我們便得承認：至少有些矛盾或雙面真理是真的!

設想一下這樣的情形：一塊木頭長期地掩埋在河床的泥沙中。由於水流不斷沖刷的結果，木頭的成分逐漸被河流中的微小砂粒所取代；而由於水流、泥沙和大氣壓力長期擠壓的結果，取代木塊成分的微小砂粒逐漸被壓擠成石塊。經過幾百萬年這樣長期取代、擠壓之後，原來的木頭竟成了一塊不折不扣的石頭，只是形狀上仍然像原來的木頭，甚至連「紋理」都一模一樣。

剛沉入河床泥沙層中的木頭，無疑是一塊「木頭」，

我是石頭!

那我呢?　是木頭還是石頭呢?

| 侏羅紀 | 白堊紀 | 新生代開始 | |
| 鳥類出現 | 恐龍滅絕 | 鯨目、靈長目出現 | 人類出現 |

221

而幾百萬年之後變化的結果，無疑不是一塊「木頭」，而是「石頭」。但在這兩個時期之間的事物呢？是不是我們應該說：在某些時候，它既是木頭，也不是木頭呢？也許你會說：「也許我們應該說它的某一部份是木頭，其他部分則是石頭。」很好！你說的很對！但我們的問題是：這「整個的」東西究竟是木頭呢？還是不是木頭？

什麼是弔詭？

所謂「弔詭」，指的是從「看起來沒有問題的前提」，經過「看起來沒有問題的推論」，推導出「矛盾的結論」的過程。弔詭可以分成兩類：一類是涉及真、假、定義等語意學概念的「語意論弔詭」，另一類則是涉及集合、屬於等集合論概念的「集合論弔詭」。大部分的哲學家在面對弔詭時的共同看法是：弔詭只是前提「看起來」沒有問題，或者推論步驟「看起來」沒有問題而已；弔詭其實包含了至少一個「大有問題」的前提或推論步驟。一旦我們將這些有問題的前提或推論步驟找出來，矛盾的結論也就無從產生了。但雙面真理論者卻有不同的看法，他們似乎認為，有些弔詭的前提和推論步驟都是沒有問題的，因而我們應該接受弔詭的結論──也就是矛盾或雙面真理──為真。

語意論弔詭

　　語意論弔詭中最著名的，是所謂的說謊者弔詭。這個弔詭有好幾種不同的形式，而下面這個是其中最簡單的一種。試想想下面這個框框中的句子：

> 這個句子是假的

這個句子究竟是真的呢？還是假的呢？我們會發現，不管我們怎麼說，我們似乎都會陷於自相矛盾。因為，如果這個句子是真的，那麼，「這個句子是假的」為真，因而這個句子也就是假的。反過來說，如果這個句子是假的，那麼，「這個句子是假的」為假，因而這個句子不是假的，而這也就是說它是真的。由於一個句子不是為真就是為假，而上面框框中的這個句子如果為真便為假、為假便為真；因此，雙面真理論者結論說，這個句子只能又是真又不是真。因此，至少有些雙面真理是真的！

　　很少人能夠在第一次碰到弔詭時，就清楚地理解這其中的推論。但如果你已經能夠充分掌握住上面的那個推論，那麼，恭喜你啦！如果你還想進一步接受挑戰，不妨試試下面這兩個練習：

練習一

真理國的國王下了一道命令：

> 凡進入京城的人都得說一個句子。如果他所說的句子為真，他就會被允許入京，並且保證平安離開；但如果他所說的句子為假，他將會被吊死在城牆上，以儆效尤。

一天，弔詭先生來到城門前，士兵將他攔了下來。士兵們說：

> 說一句有真假的話，弔詭先生，你是知道規矩的。

弔詭先生歪著頭想了一會兒，然後徐徐地說：

> 好吧，就這一句吧：「我將會被吊死」。

士兵們討論了許久，發覺無論如何都不能決定這句話的真假。最後只好悻悻然地說：「國王早就說過，這種命令不適用於專門搞矛盾的哲學家身上！」

想一想，為什麼士兵不能決定「我將會被吊死」的真假呢？

練習二

假設一個句子不是真的，就是假的。那麼，試考慮下面這張卡片正、反兩面上的句子：

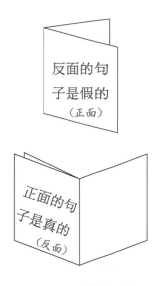

反面的句子是假的
（正面）

正面的句子是真的
（反面）

請問正面上的句子是真的呢？還是假的？反面上的句子呢？想想看，你能不能作出三張卡片的弔詭呢？四張呢？N張呢？

對雙面真理論者來說，所有的這些語意論弔詭都指向同樣的一個結論：某些句子既是真的又不是真的！

集合論弔詭

除了上述這些訴諸於真、假等概念的語意論弔詭之外，還有一類訴諸於集合論概念的弔詭，稱為集合論弔詭。集合論弔詭首先由英國哲學家羅素於 1902 年發現。羅素的集合論弔詭是從這樣一個「看起來」沒有問題的前提出發的：每個概念都有它的外延，而一個概念的外延，指的是符合該概念的所有事物所形成的集合：

> 人這個概念的外延 = 張三、李四、王五……
>
> 狗這個概念的外延 = 來福、Dido、小花……

表面上看起來，這個原則似乎沒有什麼值得懷疑的地方。舉例來說，理性的動物這個概念的外延，是所有理性的動物所形成的集合。同樣地，兩個東西的集合這個概念的外延，是所有兩個東西的集合所形成的集合。就連像黃金堆成的山這種概念的外延的存在，也都不是什麼值得懷疑的事情，因為它的外延其實就是數學上所謂的「空集合」。但如果我們接受這個原則，我們可以很

容易從這個原則中推導出矛盾來！為什麼呢？

　　讓我們來看看<u>不屬於自己的集合</u>這個概念。這個概念的外延，如果有的話，是所有不屬於自己的集合所形成的集合；而根據我們剛才所說的原則，的確有這樣的一個集合存在。讓我們稱它為 "R"，現在我們要問的是：R 屬不屬於它自己呢？

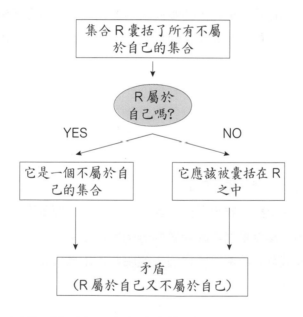

　　因此，雙面真理論者結論說，這個集合 R 只能既屬於它自己、同時又不屬於它自己。因此，再一次地，至少有些雙面真理會是真的！

為什麼支持雙面人那麼困難?

為什麼支持雙面人那麼困難?

這樣看起來，支持雙面真理存在的證據似乎還蠻多樣的。雖然這些支持雙面真理論的證據還不能算是決定性的證據，但普里斯特相信，「總的來說」，哲學家有較好的理由去相信有雙面真理的存在。

但為什麼自亞里斯多德以降，「非矛盾律」會成為西方哲學中一個核心教條呢？難道歷來的西方哲學家都盲目到看不見普里斯特所提出的證據嗎?又為什麼反對「非矛盾律」會是如此困難?

讓反對「非矛盾律」變得如此困難的諸多原因中，其中一部分是邏輯的，另外一部分則是哲學的。邏輯的問題我們留給邏輯學家們去說明，以下我只就哲學上的理由來略加說明。

哲學上的理由

在哲學上重要的問題是：是不是只有雙面真理論才

可以合理地說明普里斯特所提到的那些「證據」，而謹守「非矛盾律」的形上學世界觀則不能？如果這個問題的答案是肯定的，那麼雙面真理論便是對的；但如果這個問題的答案是否定的，那麼，我們就無須去假設有雙面真理的存在。

針對這些問題，提倡「非矛盾律」的哲學家可能會說，法律上的「矛盾」其實只是表面的，因為法律上的義務只是相對的，而非絕對的。在法律上，我們不能簡單地說一個人「應該去做 P」或「不應該去做 P」，我們只能說他「根據某法律，應該去做 P」或「根據某法律，不應該去做 P」。因而，「A 根據某法律應該去做 P，而 A 根據另一法律不應該去做 P」在形式上並非真正的矛盾；因此，這裡並沒有雙面真理是否存在的問題。而類似的理由也適用於道德的困境上。

而提倡「非矛盾律」的哲學家可能還會說，變化中的事物與模糊敘述詞的存在，其實也未能顯現出矛盾的存在。因為，嚴格說起來，這些情況是一個敘述詞和該敘述詞的否定都不應該應用的情況。直覺上來說，如果一個人的頭「似禿不禿」，那麼，這時說他「禿頭」或「不禿頭」都是不恰當的——更別說他是「既禿且不禿」了。同樣的，說運動中物體在某一瞬間是「運動」或「靜止」，也都是不恰當的——更別說它是「既運動且不運動」了。

　　至於弔詭的問題，則是一個歷史悠久、並且極為複雜的問題。不過，也許提倡「非矛盾律」的哲學家可以簡單指出說，有些古典解決弔詭的方案，如塔斯基的階層理論或羅素的類型論，或一些較為近代的理論，如克里普奇的定點理論或古樸塔的修正理論，似乎都是很令人滿意的解決弔詭的方法，而且這些理論都沒有假設這個世界是一個矛盾的世界。

塔斯基 (A. Tarski, 1901～1983) 波蘭裔美國哲學家與邏輯學家。以真理論及初階邏輯的語意論著名，為當代邏輯語意論的主要奠基者之一。主要著作有《邏輯、語意論與後設數學》。

克里普奇 (S. Kripke) 當代美國哲學家與邏輯學家，現為紐約市立大學教授。他是模態邏輯的發明人之一，哲學思想以辯護有偶然的必然命題著稱。著有《命名與必然性》等書。

古樸塔 (A. Gupta) 印度裔的當代美國哲學家，目前是匹茲堡大學哲學系教授。哲學思想以真理論著稱，認為真理概念是循環的概念。主要著作有《真理的修正理論》等書。

這個世界到底是個什麼樣的世界呢？到底還有多少「常識」蘊藏著形上學的爭議呢？好奇的你是否已躍躍欲試、想啃下一本形上學的書？請耐心等待，相信我們很快就會再次見面！

附錄：壞的無限後退與邏輯弔詭

許多哲學家認為，唯實論有壞的無限後退和邏輯上矛盾這兩個問題。但其實，就算是唯名論，也可能會有相同的困難。以下我們以唯實論為例，來說明這兩個問題。從我們所說的，聰明的讀者不難推知，唯名論可能也會有類似的問題。

無限後退的解釋

唯實論者認為許多事物展現出一致的面向這件事，可以用它們有相同的共相來解釋。A 和 B 之所以都是紅的，那是因為有同一個共相**紅**展現在 A、B 身上。但唯名論者認為，唯實論這樣的解釋會導致壞的無限後退。

首先，如果 A 和 B 之所以都是紅的，是因為 A 和 B 都展現共相**紅**，那麼，A 和 B 不只在顏色這一方面是一致的，而且在「展現**紅**」這一方面也是一致的。而如果 A 和 B 都是紅的這件事需要解釋，那麼它們都「展現**紅**」這件事也需要解釋。根據唯實論的解釋，如果兩件事都是 P，那是因為它們都展現共相 **P**。因而如果 A 和 B 都「展現**紅**」，那只能因為它們都展現「**展現紅**」這個共相。

但如此一來，A 和 B 不只在顏色這一方面是一致的，而且不只在展現**紅**這一方面是一致的，更在展現「**展現紅**」這方面是一致的。但唯實論對最後一個現象的解釋，只能更進一步說是因為它們都展現「**展現「展現紅」**」這個共相所致。但如此一來，A 和 B 不只在顏色這一方面是一致的，而且……等等。我們可以繼續作這樣的推論，以致於無窮。這樣看起來，唯實論者似乎永遠無法對這個現象做出完全的解釋，因而有「壞的無限後退」的問題。

其次，就唯實論的理論來說，當東西 A 和 B 之間有一定的關係 R 時，〈A、B〉這一對東西就展現了關係共相 **R**。現在，假設 A 展現了共相 **P**，那麼，A 和 **P** 之間就有所謂「展現」的關係存在；因此我們得說〈A、**P**〉這一對東西展現了**展現**這個關係共相。但光這樣說是不夠的！因為當〈A、**P**〉展現了**展現**時，〈A、**P**〉和**展現**之間就有所謂「展現」的關係存在；因此我們還可以說〈〈A、**P**〉、**展現**〉這一對東西展現了**展現**這個關係共相。但光這樣說還是不夠的！因為當〈〈A、**P**〉、**展現**〉展現了**展現**時，〈〈A、**P**〉、**展現**〉和**展現**之間又有所謂「展現」的關係存在；因此……等等。我們可以繼續作這樣的推論，以致於無窮。看起來，唯實論者似乎還是無法對 A 是 P 這個現象做出完全的解釋，因而有另一個「壞

的無限後退」的問題。

　　稍微想想，讀者就會發覺，唯名論者似乎也會有壞的無限後退的問題。假設唯名論者說，A 和 B 之所以都是紅的，是因為紅這個概念同樣適用於 A 和 B，那麼，A 和 B 不只在顏色這一方面是一致的，而且在「紅這個概念同樣適用」這一方面來講也是一致的。而如果 A 和 B 都是紅的這件事需要解釋，那麼它們都適用紅概念這件事也需要解釋。但繼續這樣的推理，我們的唯名論者似乎也會有壞的無限後退的問題。

悖論：邏輯上的矛盾

　　如果你是一個唯實論者，你大概得說：有些共相展現它自己，而有些共相則否。比方來說，柏拉圖就認為：三角形這個共相本身也是個三角形，而紅這個共相本身則是紅色的。所以我們可以說「三角形這個共相展現它自己」，而「紅這個共相也展現它自己」等等。但會生小孩這個共相並不會生小孩，而殺人犯這個共相也沒有殺過人。所以我們可以說「會生小孩這個共相不展現它自己」，而且「殺人犯這個共相也不展現它自己」等等。

　　就算你是一個唯實論者，但卻不像柏拉圖一樣相信三角形也是三角形，那也沒關係，因為，至少你得說，

是一個性質本身也是一個性質吧！因為**是一個性質**是所有的性質——包括它自己——所共同展現的性質。所以，只要你是一個唯實論者，至少你得說「**是一個性質**展現它自己」。自另一方面來說，**不是一個性質**則本身依然是一個性質。**不是一個性質**被所有的殊相和關係所展現，它是所有殊相和關係的共同性質。因此。我們可以說「**不是一個性質**」並不展現它自己。

　　現在，如果「每一個可以用來真地描述一些東西的敘述詞，都代表一個共相」，那麼，「不展現它自己」應該也代表一個共相才對，畢竟，它可以用來真地描述**會生小孩、殺人犯**和**不是一個性質**等等這些共相。讓我們說，「不展現它自己」所代表的是**不展現它自己**這個共相（叫它什麼並不重要）。但麻煩的問題是：**不展現它自己**這個共相本身，展現不展現它自己呢？

　　說這個共項展現它自己會導致矛盾！因為，說**不展現它自己**展現它自己，就是說**不展現它自己**展現**不展現它自己**。但如果有任何的共相 A 展現出**不展現它自己**，我們就可以說「A 不展現它自己」。所以，如果**不展現它自己**展現它自己，我們就得結論說：**不展現它自己**並不展現它自己！

　　自另一方面來說，說它不展現它自己也會導致矛盾！因為，任何共相 A 如果不展現它自己，我們就可以說 A

展現**不展現它自己**。所以，如果**不展現它自己**不展現它自己，我們就可以說**不展現它自己**展現**不展現它自己**。但說**不展現它自己**展現**不展現它自己**，不就正是說**不展現它自己**展現了自己嗎？所以，如果**不展現它自己**不展現它自己，我們就得結論說：**不展現它自己**展現了它自己！

這樣看起來，無論唯實論者怎麼說，他都必定會自我矛盾。但如果唯名論者承認有「不展現自己」這個敘述詞、或不展現自己這個概念、或**不展現它自己**這個殊質呢？依照類似的推論，似乎這些唯名論者也會有相同的麻煩吧！

◎想一想哲學問題

林正弘／主編

常常，我們碰到一些難有定論的問題，這些問題雖然無法用常識的、科學的或類似數學的嚴格證明來解答，卻與我們所關心的人事物息息相關？沒錯，這些正是哲學問題。本書藉由15個日常生活中的困惑，引發您對哲學探究的興趣，希望與您共度美好、恬靜的沉思時光。

◎西洋哲學史話（增訂二版）

鄔昆如／著

「哲學」究竟是什麼？源自古希臘的西洋哲學，經過漫長而沉潛的累積和精練，如今又以何種面貌省思著人生、社會與世界呢？哲學家以銳利獨到的眼光剖析時代的癥結，企圖提出解答、指引新方向。回顧哲學的歷史發展，俾能使人更清楚地認識自身的立場與可能的價值。